CheckAp

OTC – Management

kundenorientiert – innovativ - ertragsreich

Reinhard Herzog

Mit 26 Tabellen und 7 Abbildungen und
Online-Angebot unter www.CheckAp.de

D1732356

 Deutscher Apotheker Verlag Stuttgart

Anschrift des Autors:

Dr. Reinhard Herzog
Philosophenweg 81
72076 Tübingen
E-Mail: Heilpharm.andmore@t-online.de

Bibliografische Information der Deutschen Nationalbibliothek
Die Deutsche Nationalbibliothek verzeichnet diese Publikation in der Deutschen Nationalbibliografie; detaillierte bibliografische Daten sind im Internet über http://dnb.d-nb.de abrufbar.

ISBN 978-3-7692-4611-7

© 2008 Deutscher Apotheker Verlag Stuttgart
Birkenwaldstr. 44, 70191 Stuttgart
www.deutscher-apotheker-verlag.de
Printed in Germany

Druck: Gebr. Knöller GmbH & Co KG, Stuttgart
Umschlaggestaltung: Atelier Schäfer, Esslingen unter Verwendung eines Fotos von der Agentur Superbild, München

Steigender Wettbewerbsdruck und eine zunehmend unsichere Einnahmebasis im noch dominierenden Verordnungsbereich lassen den Blick immer stärker in Richtung Barverkauf schweifen. Eine seit 2004 erlaubte, freie Preiskalkulation im OTC-Segment sowie die „Aktionitis" einer zunehmenden Zahl von Apotheken gerade auch bei apothekenpflichtigen Arzneimitteln machen die Sache nicht leichter.

Der Versandhandel hat insbesondere bei größeren Packungen und teuren Präparaten teilweise beträchtliche Marktanteile von über 20% erobert, was angesichts der Gesamtbedeutung von „nur" 1% bis 2% gerne übersehen wird.

Wenn Sie die Marktentwicklung der vergangenen Jahre betrachten, dann haben sich die hochfliegenden Prognosen allesamt nicht erfüllt. Der Barverkauf konnte die Verordnungsausschlüsse real nicht kompensieren. Die Wachstumsraten sind insgesamt eher bescheiden. Erfolgreiche Apotheken verdanken ihre bisweilen sehr starken Zuwächse zu einem guten Teil ihren schwächeren Kolleginnen und Kollegen. Die Apotheken sind somit ebenfalls in einem in weiten Teilen gesättigten Verdrängungsmarkt angekommen – mit jedoch immer wieder neuen Innovationen und Chancen.

Mit anderen Worten: Sie müssen selbst aktiv werden, der Markt zieht Sie nicht mehr automatisch mit nach oben!

Heute entscheidet strategisches, kluges Handeln, eine intelligente Angebotspolitik und die richtige Einpreisung der eigenen Leistung.

Immerhin stehen rund 5,5 Mrd. Euro rezeptfreier Arzneimittelumsatz in den Apotheken zur Verteilung an. Hier ist noch manche Marktchance zu erschließen!

Freilich reicht es dazu nicht mehr, nur einfach die Sichtwahl nach Gusto oder der Höhe des Rabattes beim Einkauf zu bestücken und vielleicht einmal eine Großhandelsberatung in Anspruch zu nehmen. Ein modernes OTC-Management reicht wesentlich weiter.

Angesichts des heilberuflichen Anspruchs ist dabei den wirklichen Bedürfnissen der Kunden verstärkte Aufmerksamkeit zu widmen. Eine umfassende, ganzheitliche Betreuung sichert nicht nur die heute so wichtige Kundenbindung – sie schützt bestmöglich, wenn auch nicht hundertprozentig, vor Abwanderungstendenzen in andere Vertriebskanäle.

Dabei spielen die Themen Preis sowie Kalkulation und Betriebswirtschaft eine zunehmende Rolle.

Dieses Büchlein möchte Sie in beidem unterstützen: Bei der Ideenfindung auf dem Weg zur umfassenden Kundenbindung, bei der Auswahl und Präsentation der optimalen Präparate, aber auch bei den unverzichtbaren „BWL-Basics". Unter www.CheckAp.de finden Sie deshalb ergänzende Arbeits- und Rechenhilfen für Microsoft Excel.

Achten Sie auf das Symbol $\overset{\frown}{\underset{}{PLUS}}$ Online

In diesem Sinne wünsche ich Ihnen eine erfolgreiche Zukunft und viel Erfolg auf dem Weg zu einer größeren Unabhängigkeit von den Unwägbarkeiten der Politik.

Tübingen, Frühjahr 2008   Apotheker Dr. Reinhard Herzog

INHALT

Hinweis: Das Symbol $\overset{\text{Online}}{PLUS}$ verweist auf Arbeitshilfen, die Sie unter www.CheckAp.de abrufen können. Für das log-in benötigen Sie Ihre E-Mail-Adresse und das Buch.

1 MARKTDATEN
und Entwicklungen

Darum geht es in diesem Kapitel:
√ Marktüberblick
√ Wer setzt was um?
√ Welche Indikationen versprechen Chancen?
√ Typologie der Kunden

1.1 Vorbemerkungen

Bevor der OTC-Markt dargestellt werden soll, empfiehlt es sich, die zugrundeliegenden Daten genauer zu hinterfragen.

Je nach Quelle werden die Umsätze auf unterschiedlicher Basis erhoben – in aller Regel an der jeweiligen Zielgruppe der Untersuchung orientiert. Herstellernahe Untersuchungen stellen auf den Herstellerabgabepreis ab. Für die Apotheken sind dies im Falle des Direktgeschäftes die Einkaufspreise, beim Großhandelsbezug liegt zusätzlich eine in diesen Segmenten nicht exakt bekannte, allenfalls zu schätzende Marge dazwischen.

Krankenkassen und Ministerien veröffentlichen zumeist die Umsätze auf Basis der Endpreise einschließlich der Mehrwertsteuer, so wie sie auch von den Kassen bezahlt werden müssen, ggf. korrigiert um die Zuzahlungen und die seitens der Apotheken und Hersteller gewährten Rabatte. An den letzten Punkten tun sich bereits wieder Ungenauigkeiten und Abgrenzungsfragen auf.

Verschiedene Untersuchungen von Marktforschungsinstituten, die sich mehr oder weniger bruchstückhaft in verschiedensten Publikationen wiederfinden, basieren meist auf dem Brutto-Endkundenpreis.

Zudem ist zu differenzieren, wie die Daten erhoben werden und auf welcher Grundlage sie fußen. So sind die zahlreichen Umfragen ("wie viel haben Sie im vergangenen Jahr für Erkältungspräparate ausgegeben?") natürlich ganz anders zu bewerten als „harte" Fakten in Form von konkreten Absatzzahlen. Doch auch diese Absatzzahlen haben ihre Tücken, je nachdem, auf welcher Grundlage und mit welcher Methodik sie erhoben werden (z.B. Auswertung von Verkaufszahlen von Panelapotheken, Absatzzahlen der Industrie und des Großhandels) und wie die einzelnen Warengruppen definiert sind.

Und zu guter Letzt sei angeführt, dass die Vertriebskanäle differenziert werden müssen. Der Gesamtumsatz an Arzneimitteln und vor allem von allerlei „Gesundheitsprodukten" ist mitnichten der Apothekenumsatz. Gerade im freiverkäuflichen Segment und beim „Randsortiment" sind die Nicht-Apothekenanteile bisweilen ganz erheblich, und Dinge wie der Versandhandel (gerade in den freiverkäuflichen Produktbereichen oft unzureichend erfasst) machen die Lage nicht übersichtlicher.

Aus diesen Anmerkungen wird bereits deutlich, dass das veröffentlichte Zahlenmaterial sorgfältig daraufhin hinterfragt werden sollte, welche Basis dem zugrunde liegt.

Sofern nicht anders angegeben, verstehen sich in diesem Buch alle Umsätze und Preise auf Apothekenverkaufsbasis, netto ohne

Mehrwertsteuer. Hier musste teilweise umgerechnet und bisweilen aufgrund nur unvollständiger (öffentlich zugänglicher) Datenlage sachgerecht geschätzt werden. Insbesondere indikations- und produktbezogene Globaldaten sind daher als annähernd zu verstehen.

1.2 Der OTC-Markt

1.2.1 Gesamtmarkt

Nach Packungszahlen betrug der Apothekenmarkt der nicht-rezeptpflichtigen (also apothekenpflichtigen und freiverkäuflichen) Arzneimittel im Jahre 2006 rund 825 Mio. Packungseinheiten im Gesamtwert von knapp 7 Mrd.€ zu Netto-Apotheken-verkaufspreisen. Daraus errechnet sich ein Netto-Packungswert von rund 8,50 €. 2007 sieht es ähnlich aus.

Knapp 150 Mio. Packungen mit einer Umsatzbedeutung von 1,5 Mrd.€ wurden dabei verordnet, sowohl privat als auch auf Kosten der GKV (Letzteres machte rund 90 Mio. Packungen aus), mit einem Packungswert von somit ca. 10 €.
Gut 600 Mio. Packungen im Wert von 4,4 Mrd.€ entfielen auf apothekenpflichtige, bar verkaufte, nicht verordnete Arzneimittel, entsprechend einem Packungswert von ca. 7,50 €.
Freiverkäufliche Arzneimittel, in aller Regel außerhalb der Verordnung liegend, machten rund 75 Mio. Packungen und etwa 1 Mrd.€ Umsatz aus.
Die erfolgreichsten Selbstmedikationspräparate bringen es dabei auf Stückabsätze in einem Bereich 10 bis 20 Mio. Packungsein-

heiten im Jahr, mithin im Durchschnitt etliche hundert Packungen je Apotheke.

Bezogen auf den Gesamt-Apothekenumsatz 2007 in der BRD von rund 36 Mrd. € netto machte der nicht fremdbestimmte OTC-Umsatz (apothekenpflichtige und freiverkäufliche Arzneimittel) etwa 5,5 Mrd. € entsprechend rund 15 % aus. Pro Kopf der Bevölkerung sind das rund 65 €, in den westlichen Bundesländern etwas mehr, im Osten etwas weniger.

Nicht fremdbestimmt sind weiterhin große Teile des Nicht-Arzneimittel-Randsortimentes im Umfang von 3 % bis 4 %. Damit stützen sich rund 80 % des Umsatzes der durchschnittlichen Apotheke auf Verordnungen, und immerhin noch etwa 65 % bis 70 % des Rohertrages!

Je nach Lage der Apotheke ist dieses Verhältnis anders. Centerapotheken erwirtschaften oft nur um die 50 % des Umsatzes im Verordnungsbereich. Im Zuge der Tendenz, Innenstädte wiederzubeleben und neue Center stadtnah zu bauen mit Anbindung an die klassische Infrastruktur, nähert sich die Umsatzstruktur wieder stärker der klassischen Apotheke an.

Gleichwohl lassen die Unsicherheiten des Verordnungsmarktes viele Apotheken verstärkt auf den Barverkauf schauen. Dieser ist aber, da sollte sich niemand etwas vormachen, auf absehbare Zeit für die überwiegende Zahl der Apotheken für sich alleine keinesfalls existenztragend, wohl aber ein unverzichtbares, zusätzliches Standbein mit Gestaltungsmöglichkeiten.

1.2.2 Nicht-Apothekenmarkt

Nach verschiedenen Angaben (v.a. die Gesundheitsmittelstudie der Fa. IMS Health, Frankfurt 2007) dürfte sich der Verkauf freiverkäuflicher Arzneimittel im Lebensmitteleinzelhandel und in Drogerien insgesamt bei gut 200 bis 225 Mio.€ netto einpendeln. Gut 70% davon ziehen die Drogeriemärkte auf sich. Für diese macht das freilich auch nur ein starkes Prozent ihres Umsatzes von rund 13 Mrd.€ aus; im Lebensmitteleinzelhandel (Gesamtumsatz über 125 Mrd.€) liegt der Anteil im Promillebereich!

Die Netto-Packungswerte liegen außerhalb der Apotheke weit unter denen der Apothekenprodukte bei gut 3 € (Drogerien) und nur rund 2 € im Lebensmittel-Einzelhandel. Nach Packungseinheiten gelingt es diesen Vertriebskanälen, bei den freiverkäuflichen Arzneimitteln einen Anteil von rund 14% auf sich zu ziehen (nach Umsatz: 6%), was wesentlich am deutlich niedrigeren Preisniveau liegt. Der gesetzliche Rahmen verhindert es noch, dass Nicht-Apotheken in den viel lukrativeren, höherpreisigen Bereich der apothekenpflichtigen Arzneimittel vordringen können.

Zahlreiche Produkte sind jedoch Nicht-Arzneimittel und als Lebensmittel (Nahrungsergänzungsmittel) oder Diätetika eingestuft, werden aber trotzdem als „Gesundheitsmittel" wahrgenommen. Aufgrund der oft schwierigen Abgrenzungsfragen sind exakte Absatzdaten schwerer zu eruieren, es dürfte sich um einen Betrag im Bereich von ca. 650 Mio.€ netto handeln (Quelle: Gesundheitsmittelstudie der Fa. IMS Health, Frankfurt 2007). Auf vergleichbarer Erhebungsbasis setzten die Apotheken 2006 hier rund 700 Mio.€ netto um. Nach Packungszahlen können aber die Vertriebskanäle außerhalb der Apotheken aufgrund des niedrigen Preisniveaus in diesem „mass market" fast 80% auf sich vereinigen!

Dort dominierende Gesundheitsprodukte sind Vitamine und Mineralstoffe, mit großem Abstand folgen Erkältungsmittel, Bäder, Präparate für die Haut sowie Magen- und Rheumamittel mit Umsätzen nur noch im zweistelligen Millionenbereich.

Verschiedene Erhebungen bescheinigen den Apotheken deshalb einen Marktanteil bei OTC-Arzneimitteln von über 80% (so z. B. eine Befragung von 3.000 GKV-Versicherten, zu lesen im WIdO-Monitor 2006 des Wissenschaftlichen Instituts der Ortskrankenkassen, www.wido.de, oder die Verbrauchererhebungen der Bauer Verlagsgruppe, www.bauermedia.com). Rechnet man die Umsätze gegen, ist das plausibel. Die Apotheken sind nach wie vor sehr gut in der Selbstmedikation verankert.

Das Segment der Körperpflege und der Kosmetik umfasst insgesamt ein Marktvolumen von rund 10 Mrd.€ in allen Vertriebskanälen, davon gut 2 Mrd. € für die Hautpflege. Hier schneidet sich die Apotheke nur ein recht kleines Stück von vielleicht 10% des Gesamt-Körperpflegemarktes ab.

1.2.3 Markttrends

Der OTC-Markt in der Apotheke war (und ist teilweise noch) von zwei gegenläufigen Entwicklungen gekennzeichnet.

Zum einen wurden in der Vergangenheit die apotheken- aber nicht verschreibungspflichtigen OTx-Präparate zu einem bedeutenden Teil auf Kosten der gesetzlichen Krankenkassen verordnet. Noch bis weit in die 1990er Jahre hinein traf dies auf über 40% der Packungseinheiten und gut die Hälfte des Umsatzes zu. Im

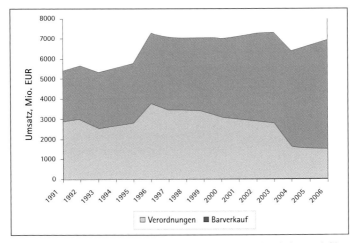

Abb. 1.1: Entwicklung der Nicht-Rx-Arzneimittel in der Apotheke, nach Verordnungen und Barverkauf. Bis 1995: nur alte Bundesländer, ab 1996 gesamtdeutsche Werte. Nach Daten der ABDA

Zuge von Negativlisten und Verordnungsausschlüssen reduzierte sich der Verordnungsanteil kontinuierlich (Abb. 1.1). Mit den Reformgesetzen 2004 kam der letzte, große Schlag: Bis auf vergleichsweise wenige Ausnahmeindikationen fiel die Erstattungsfähigkeit von OTx zulasten der GKV weg. Im selben Jahr brach der betreffende Umsatz auf rund die Hälfte weg, um sich in den Folgejahren auf diesem niedrigen Restniveau zu stabilisieren.

Gleichzeitig stiegen Umsatz und Packungszahlen der privat gekauften OTC-Präparate kontinuierlich an. Allerdings bleiben die Wachstumsraten mit rund 2 % nach Wert und Stückzahl, gemittelt über die letzten 10 Jahre, vergleichsweise bescheiden angesichts der hochfliegenden Prognosen der 1990er Jahre.

Folgende Tabelle zeigt den Umsatz- (oberer Wert) und Rohgewinnanteil (unterer Wert) in % als orientierende Richtwerte:

Barverkaufs-Segement	Durchschnitt	Center	Land bzw. arztorientiert
OTC-Arzneimittel	15% um 25%	25% -> 40% 30% -> 50%	< 10% - 15% < 15% - 25%
Nicht-Arzneimittel	3% - 6% < 3% - 6%	7,5% -> 15% 6% -> 12%	< 3% - 5% < 2% - 5%

Zählt man den Verordnungs- und Barumsatz zusammen, so ist sogar ein leichter Rückgang zu verzeichnen. Im Klartext: Die Verordnungsausschlüsse sind weder nominal und schon gar nicht inflationsbereinigt durch Barverkäufe kompensiert worden. Und das, obwohl etliche umsatzträchtige Wirkstoffe in den vergangenen 10 Jahren aus der Verschreibungspflicht entlassen wurden.

Damit ist der OTC-Markt – ungeachtet der nach wie vor bestehenden Chancen – insgesamt als ein gesättigter Markt zu begreifen. Der vielzitierte demografische Wandel trägt einstweilen eher wenig zum Wachstum bei, denn er vollzieht sich nur vergleichsweise langsam über die nächsten Jahrzehnte. Kurzfristig erfolgswirksam sind dagegen die Standortfaktoren wie Kaufkraft, Bildungsgrad und Einkommensschichtung am jeweiligen Ort.

Das bedeutet: Der Markt ist stabil und recht groß. Andere drängen mit Macht hinein. Er wächst aber nicht so, dass er jedermann mit nach oben zieht. Sie sind also tatsächlich Ihres eigenen Glückes Schmied, aktives Handeln ist angesagt!

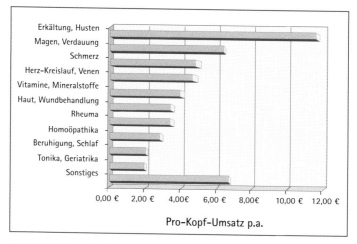

Abb. 1.2: Jährliche Pro-Kopf-Umsätze netto (bezogen auf die Gesamtbevölkerung) der bedeutendsten Indikationsfelder in allen Vertriebskanälen; auf die Apotheken entfallen davon mehr als 80% (Basis: Daten des BAH – Arzneimittelmarkt in Zahlen 2005)

1.2.4 Indikationen

Für die praktische Aktionsplanung spannender ist die Frage, welche Indikationen welches Umsatzpotenzial versprechen.

Hier zeigt sich, dass Erkältung, Magen-Darm, Verdauung und Schmerz seit Jahren die Top-Indikationen darstellen, gefolgt von Vitaminen/Mineralstoffen und Hautprodukten (Abb. 1.2).

Erwähnenswert und vielleicht überraschend ist, dass speziell die Homöopathika eine gar nicht so unbedeutende Marktnische mit einem Gesamtumsatz von annähernd 250 Mio.€ im Jahr darstel-

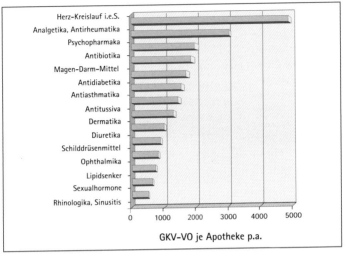

Abb. 1.3: GKV-Verordnungen 2006 je nach Indikationsgebiet (nach: Arzneiverordnungsreport 2007)

len, pro Apotheke mithin rund 12.000 €, und knapp 3 € je Bundesbürger pro Jahr. Die erforderliche Intensität und Tiefe der Beratung erfordert aber ein besonders Interesse an diesem Thema.

Wo der Schuh drückt, lässt sich indirekt zudem aus den verbreitetsten Indikationen im Verordnungsbereich schließen, ist das Rezept doch oft der Einstieg in einen Zusatzverkauf. Hier findet sich, basierend auf dem Arzneiverordnungsreport 2007, folgende Reihenfolge (Abb. 1.3):
Mit rund 5.000 Verordnungen p.a. (= 16 pro Tag in der durchschnittlichen Apotheke) dominieren die Herz-Kreislauf-Mittel klar; Schmerz ist ebenfalls ein Dauerthema. Allerdings erschöp-

fen sich die Möglichkeiten der klassischen Selbstmedikation hier rasch. Wenn, dann sind umfassendere, ganzheitliche Therapieergänzungen, idealerweise in ärztlicher Kooperation, in Betracht zu ziehen. Diese Limitierungen gelten verstärkt für die Bereiche Psychopharmaka oder Antibiotika, auch wenn hier z.B. das Thema „Darmflora" und ihre Schonung bzw. der Wiederaufbau sehr dankbar sein kann. Dann allerdings folgen zunehmend Indikationen, in die sich die Apotheke wirklich sinnvoll einbringen kann: Magen-Darm, unkomplizierte Bronchialerkrankungen, Haut, Augen, Nase.

Leidensdruck versus Prävention

Der einfachste Verkauf eröffnet sich stets anhand konkreter, akuter Leiden. Leidensdruck öffnet die Geldbörsen – das klingt zynisch und böse, ist aber Tatsache. Deshalb verwundert es nicht, dass Mittel gegen Erkältung, Magen-Darm-Verstimmungen usw. in der Beliebtheitsskala ganz weit oben stehen, auch Haut und Schönheit lassen sich die Menschen viel kosten. Obgleich vom medizinischen Anspruch her meist zweitrangig – tatsächliche Gefahr und Befinden klaffen gerade hier weit auseinander –, lassen diese ja oft außerordentlich lästigen Befindlichkeitsstörungen den Gang in die Apotheke antreten. Hier spielt auch der Versandhandel kaum eine Rolle, allenfalls zur präventiven Bevorratung in der Hausapotheke. Freilich kommen und gehen Erkältungen, Durchfälle und Co. recht rasch. Der Umsatzpotenzial ist also insoweit begrenzt, und zudem ist hier der Konkurrenzkampf groß, bei Herstellern und Apotheken.

Die zweite, dankbare, aber letztlich medizinisch kritischste Gruppe betrifft die leidenden Chroniker.

Hier sind in aller Regel Regulationsmechanismen des Körpers dauerhaft aus dem Lot geraten. Vielfach, erst recht in höherem Lebensalter, gelingt es nicht mehr, diese Gleichgewichte wiederherzustellen. Damit ist die Karriere als Dauerpatient – nicht selten als sogenannter „Drehtür-Patient" im Dschungel der verschiedenen Facharztrichtungen - besiegelt. Selbst innovative Arzneimittel, „Biologicals", Antikörper usw. ändern daran prinzipiell (noch?) nichts. Mag die Wirkung (etwas) besser sein, die Verträglichkeit höher, zu teilweise exorbitanten Kosten, das Grundleiden bleibt in unschöner Regelmäßigkeit erhalten. Hier ist die Politik der kleinen Schritte gefragt. Ein Mittel hier, die richtige Ergänzung da kann graduelle Verbesserungen bringen. Es schlägt die Stunde von Spurenelementen, Mikronährstoffen, ungesättigten Fettsäuren usw., vielleicht im Einzelfall auch der Aromaöle oder der Homöopathie.

Die klassischen OTC-Präparate, insbesondere Schmerzmittel etc., versagen hier häufig, sind aus Gründen der Überschneidung mit anderen Therapien sogar kontraindiziert oder nur in enger Abstimmung mit dem Arzt erlaubt. Bei kaum einer Patientengruppe besteht die Gefahr der Kumulation von Arzneirisiken in dem Maße wie bei den zahlreichen Chronikern.

Die dritte, riesige Gruppe der „schweigenden Mehrheit" hat möglicherweise noch gar kein schwerwiegendes Gesundheitsproblem – dürfte aber der Statistik nach bei ihrem Lebenswandel irgendwann eines bekommen.
Die größte Herausforderung besteht darin, diese Menschen zur einer dauerhaften, gesundheits- und präventionsorientierten Lebensweise zu ermuntern. Zwar deuten etliche Befragungen und

Studien darauf hin, dass das Thema Gesundheit im Laufe der Jahre einen immer höheren Stellenwert erhält, dennoch ist der Weg vom Wollen zum Tun weit.

Andererseits liegen hier die größten Chancen, wie folgende Beispiele illustrieren:

- Herz-Kreislauf-Prophylaxe (Stichworte: ungesättigte Fettsäuren, Arginin + Folsäure, Spurenelemente, Ginkgo, Magnesium, Polyphenole, Mikronährstoffe, eigene Konzepte mit hochwertigen Pflanzenölen u. a.),
- Metabolismus und metabolische Störungen im weiteren Sinne, v.a. Übergewicht und Diabetes (Stichworte: Ernährungsberatung und Kalorienkontrolle, Aminosäuren wie L-Carnithin, Spurenelemente wie Chrom, Selen, Zink, Antioxidantien und Gefäßprotektion, Querverbindung zu Herz-Kreislauf-Konzepten u. a.),
- Megathema Psyche – Nerven (psychische Erkrankungen bzw. Störungen weisen bei den Arbeitsunfähigkeitstagen und vorzeitigen Berentungen die größten Steigerungsraten auf! Stichworte: Phytopharmaka, Aminosäuren, Magnesium, Aromaöle u. a.),
- Anti-Aging (Stichworte: Antioxidatien, Polyphenole, Mikronährstoffe u. a.),
- „Schönheit von innen" (Haut; hier vereinigen sich häufig Leidensdruck und ein Bestreben nach langfristiger Stabilisierung. Stichworte: Zink, verschiedene Vitamine und Spurenelemente wie Selen, Darmregulation und Probiotika, ungesättigte Fettsäuren, Förderung der Ausscheidung und Entwässerung u. a.),
- eine Bedeutung hat zudem sicher der Formenkreis Knochen - Gelenke – Beweglichkeit mit gewissen, präventiven Eingriffsmöglichkeiten (die wirksamsten sind freilich Bewegung und Training selbst),

Megathema Krebs; hier liegen Anspruch, Bedarf und Scharlatanerie besonders dicht zusammen. Trotz größter Forschungsanstrengungen dominieren noch Schrittinnovationen. Gleichwohl besteht eine enorme Nachfrage nach Prävention und ggf. Therapiebegleitung.

Statistisch wird fast jeder von uns irgendwann selbst einmal mit einem oder gar mehreren der obigen Themen konfrontiert werden. Die Stichworte mögen, ohne Anspruch auf Vollständigkeit, einige Ansatzpunkte skizzieren. Der ganzheitliche Ansatz geht dabei freilich noch weiter in Richtung Verhaltensänderung und allerlei weitere Verfahren, die ggf. in Kooperation mit anderen Anbietern angeboten werden.

Gefragt sind hier langfristig angelegte Konzepte, nicht nur Empfehlungen eines Präparates. Die ökonomischen Perspektiven liegen auf der Hand, wenn es gelingt, zu „Tagestherapiekosten" von z. B. 1,00 € bis 2,00 € (= Jahresumsätze von 350 € bis über 750 € pro Kopf gegenüber rund 65 € OTC- Durchschnitt) ein im Idealfall auf Jahre angelegtes Betreuungskonzept zu etablieren.

Freilich muss an dieser Stelle doch etwas Wasser in den Wein gegossen werden.

So erreicht man tatsächlich die größten Effekte schlicht mit Verhaltensänderungen: Ernährung, Lebensweise, Bewegung und Sport, bessere Adaption an die Umwelt, Vermeidung von übermäßigen Stressoren. Dinge, die in der Apothekenkasse leider nur sehr bedingt einen Eindruck hinterlassen, im Gegenteil. Hier sind in erster Linie die vielen, pharmazeutischen Helferlein gefragt. Doch ist hier die langfristige Wirksamkeit bzw. Risikominderung durch die Einnahme von Arzneimitteln oder Nahrungsergän-zungen in vielen Fällen keineswegs gesichert, wie retrospektiv verschiedene Beispiele belegen. Es kann sogar aufs Gegenteil he-rauslaufen: Größere Mengen zusätzlich zugeführter, synthetischer Vitamine, in den 1980er Jahren noch die ultimative Anleitung zum Seligsein, werden heute ausgesprochen kritisch gesehen.

Noch schwieriger wird es, wenn solche Langfristeffekte konkret und belegbar quantifiziert werden sollen. Letztlich werden dazu Längsschnittstudien über mehrere Jahrzehnte benötigt. Was heute in Auftrag gegeben würde, erbrächte valide Ergebnisse zur Jahrhundertmitte. Und so kann darüber, wie eine Nutzen-Risiko-Matrix über einen Zeitraum von 20, 30 oder mehr Jahren tat-sächlich aussieht, nur spekuliert werden. Doch über einen solchen Zeitraum reden wir meistens, wenn wir Dinge wie die langfristige Senkung des Risikos für Herz-Kreislauf-Erkrankungen, für Krebs, Diabetes usw. reden. Das gilt übrigens für alle Dauertherapien auch mit „ethischen" Rx-Präparaten. Nicht selten beträgt die „Number to treat", die Zahl der zu behandelnden Patienten, weit mehr als 100 pro Jahr, um nur ein unerwünschtes Ereignis wie einen Herzinfarkt zu verhindern.

Dummerweise wirken die Stoffe, wenn überhaupt, in aller Regel nur, solange sie eingenommen werden. Eine einzige, „kurmäßige" Anwendung über einige Wochen bewirkt bei Antioxidantien, Anti-Aging-Supplementen, Durchblutungsförderern usw. keinen Dauereffekt.

Damit sind wir bei der Notwendigkeit einer Langfristeinnahme: Ökonomisch hochinteressant, pharmakologisch jedoch oft mit Fragezeichen versehen, und vor allem für die Patienten auf Dauer recht kostspielig. In diese Lücke muss der gute Glauben springen, angereichert mit ein wenig Statistik, welche bekanntermaßen die Steigerung der Lüge darstellt.

Dennoch: Es gibt eine ganz beachtliche Schicht von Menschen im mittleren bis fortgeschrittenen Lebensalter („40Plus"), denen es auf einige Euro mehr oder weniger am Tag nicht ankommt. Das Marktpotenzial ist also vorhanden! Vor allem das gute Gefühl, „etwas für sich getan zu haben", ist ein bedeutendes Motiv. Dieses Gefühl der Selbstzufriedenheit und Selbstbelohnung ist therapeutisch nicht zu unterschätzen. Um der Ironie die Krone aufzusetzen: Den tatsächlichen Beleg des Nutzens werden Sie zudem nicht antreten müssen, der Statistik und des langen Zeitraums sei Dank!

1.2.5 Menschen und Kunden

Menschen bestimmen Märkte. Was zeichnet dabei den OTC-Konsumenten aus? Gibt es eine Kunden-Typologie, die praktischen Nutzwert hat?

Das Geschlechterverhältnis potenzieller OTC-Verwender bewegt sich über alle Indikationen hinweg bei etwa 40 : 60 zugunsten der Frauen. Das geht mit der bekannten Erkenntnis konform, dass 60 % bis 70 % der Apothekenkunden Frauen sind, vor allem ältere. Zum einen stellen Frauen nach wie vor die dominierende „Einkaufsmacht" für die Produkte des täglichen Bedarfs. In höheren Altersklassen dominieren die Frauen schon rein demografisch klar. Bei den 70- bis 75-jährigen beträgt das Verhältnis etwa 1 : 1,5, bei Menschen über 80 bereits 1 : 2,5, bei über 90-jährigen sogar 1 : 3,3.

Damit einher geht ein stark ansteigender Arzneimittelbedarf. Während im GKV- und PKV-Segment der Arzneimittelumsatz pro Kopf von den 20- bis 30-jährigen hin zu den über 70-jährigen um den Faktor 6 bis 7 ansteigt, ist dieser Anstieg im privat bezahlten OTC-Markt bei weitem nicht so steil. Über alle Bevölkerungsschichten hinweg dürfte etwa ein Faktor 2 bis maximal 3 anzunehmen sein. Gerade hier fallen aber die Bevölkerungsschichten je nach Einkommen und sozialer Stellung weit auseinander.

Indikatoren wie der Kaufkraftindex spielen an dieser Stelle eine besondere Rolle. Auf den Gesamtumsatz der Apotheke wirkt sich die Kaufkraft meist eher wenig aus, da der dominierende Verschreibungssektor dies kaschiert. Speziell im Barverkaufssegment aber ist dies ein wichtiger Anhaltswert für das mögliche Potenzial. Kaufkraftindices sowie weitere, lokale Kaufkraftziffern erhalten Sie bei der Gemeinde und bei den statistischen Landesämtern.

Die Bauer-Verlagsgruppe hat im Rahmen einer größeren Umfrage vor einigen Jahren einmal sechs OTC-Typen definiert (Verbraucher-Analyse und OTC-Verwender-Typologie, Bauer Verlagsgruppe 2001):

1) Der Konservative
Häufigkeit: ca. 11%
Eher älter, etwas mehr Frauen als Männer. Eher niedrige Bildungsgrade und unterdurchschnittliches Einkommen. Rentner und Arbeitslose überrepräsentiert. Sieht viel fern, auch Werbung. Sammelt gern. Traditionelles Familien- und Gesellschaftsbild.
OTC-Präferenzen: Überdurchschnittlich häufiger Konsument von Schmerz- und Rheumamitteln, Venenmitteln, Präparaten gegen Blasen- und Nierenprobleme, Beruhigungs- und Stärkungsmitteln. Eher durchschnittlicher OTC-Verwender. Sucht Rat beim Arzt und auch in der Apotheke.

2) Die Lebensfrohe

Häufigkeit: ca. 18 %

Eher jünger, etwas mehr Frauen als Männer. Mittlere Bildungsgrade und durchschnittliches Einkommen. Berufstätige und Auszubildende überrepräsentiert, recht wenige Arbeitslose und etwas unterdurchschnittliche Zahl an Rentnern. Viel Sport, Ausgehen, Life-Style-Zeitschriften, modebewusst, gesundheitsbewusst. Durchschnittlicher Fernsehkonsum, Werbung gegenüber positiv eingestellt („werbeaffin").

OTC-Präferenzen: Überdurchschnittlich häufiger Konsument von Präparaten für Schönheit, Haut, Schlankheit, Vitamine, Erkältungsmittel. Insgesamt überdurchschnittlicher OTC-Konsument. Geringe Arztorientierung, entscheidet selbst oder lässt sich in der Apotheke beraten.

3) Der Spontane

Häufigkeit: ca. 14 %

Jünger (Altersklasse bis 30 dominiert klar). Etwas mehr Männer als Frauen. Durchschnittlich verteilte Bildungsgrade und durchschnittliches Einkommen. Auszubildende und mit etwas Abstand auch Arbeitslose überrepräsentiert, durchschnittliche Zahl an Berufstätigen, wenige Rentner. Erlebnis- und freizeitorientiert, springt auf aktuelle Trends auf, klar unterdurchschnittliches Gesundheitsbewusstsein. Durchschnittlicher Fernseh- und Medienkonsum, werbeaffin.

OTC-Präferenzen: Überdurchschnittlich häufiger Konsument von Akne- und Haut-Präparaten. Schmerz-, Erkältungs- und Allergiemittel. Insgesamt eher unterdurchschnittlicher OTC-Konsument. Wählt Produkte gerne selbst ohne Beratung aus.

4) Der Erfolgreiche

Häufigkeit: ca. 20 %

Ausgeglichenes Altersprofil, eher mittleres Alter. Etwas mehr Männer als Frauen. Höhere Bildungsgrade und Studium dominieren klar. Deutlich überdurchschnittliches Einkommen. Auszubildende und Berufstätige überrepräsentiert, wenige Arbeitslose und etwas unterdurchschnittliche Zahl an Rentnern. Sportlich, weiterbildungsorientiert, sozial vernetzt, klar überdurchschnittliches Gesundheitsbewusstsein. Durchschnittlicher Fernseh- und Medienkonsum, deutlich werbekritisch eingestellt.

OTC-Präferenzen: Leicht überdurchschnittlicher Konsument von Akne-, Haut- und Allergie-Präparaten. Eher wenige Schmerz-, Erkältungsmittel. Insgesamt unterdurchschnittlicher OTC-Konsument. Selbstbewusst, wählt gerne selbst ohne Mitsprache von Arzt oder Apotheker aus.

5) Der Zufriedene

Häufigkeit: ca. 23 % (= die größte Gruppe)

Mittleres bis höheres Alter. Etwas mehr Männer als Frauen. Keine besonderen Bildungspräferenzen. Unterdurchschnittliches Einkommen deutlich häufiger. Arbeitslose und Rentner überrepräsentiert, eher wenige Auszubildende. Häuslich, wenige außergewöhnliche Hobbys, wenig modebewusst, ruht in sich selbst, traditionelle Wertvorstellungen, aber erheblich unter dem Durchschnitt liegendes Gesundheitsbewusstsein. Schnäppchenkäufer. Durchschnittlicher Fernseh- und Medienkonsum, deutlich werbekritisch eingestellt.

OTC-Präferenzen: Ganz leicht überdurchschnittlicher Konsument von Schmerzmitteln. Ansonsten weit unterdurchschnittlicher OTC-Konsument (schwächste Gruppe im Vergleich). Im Bedarfsfall deutlich arztorientiert, eher geringe Neigung, sich in der Apotheke beraten zu lassen.

6) Die Aufgeschlossene
Häufigkeit: ca. 14%
Ältere deutlich überrepräsentiert, vergleichsweise wenige Junge. Deutlich mehr Frauen als Männer. Tendenziell niedrigere Bildungsgrade. Mittlere Einkommen dominieren. Überdurchschnittliche Zahl an Rentnern und nicht Berufstätigen, wenige Auszubildende. Häuslich, klassische Freizeitbeschäftigungen, klar überdurchschnittliches Gesundheitsbewusstsein, hohes Qualitäts- und Markenbewusstsein. Durchschnittlicher Fernseh-, häufigerer Zeitschriftenkonsum, werbeaffin.
OTC-Präferenzen: Deutlich überdurchschnittlicher Konsument von Haut-, Hämorrhoiden-, Diabetes- und Schmerzmitteln, Tees und Hausmitteln. Insgesamt deutlich überdurchschnittlicher OTC-Konsument. Kauft viel in unterschiedlichsten Geschäften, wählt eher selbst aus.

Eine neuere Analyse aus gleicher Quelle (Verbraucheranalyse der Bauer Media KG 2006, www.bauermedia.com und www.verbraucheranalyse.de) unterscheidet die OTC-Verbraucher in folgende „Gesundheitstypen":
- Souveräne
- Informierte
- Bequeme
- Ängstliche
- Nachlässige
- Desinteressierte

Sie sind in etwa gleich verteilt, mit etwas mehr Bequemen und etwas weniger Ängstlichen. Die Informierten (Frauen sind hier deutlich stärker vertreten) und Ängstlichen sind dabei die dankbarsten Kundengruppen. Souveräne sind eher „beratungsresistent" und nehmen ihr Schicksal selbst in die Hand, interessieren sich überdurchschnittlich häufig für alternative Heilmethoden. Die Bequemen sind eher arztorientiert und kritischer gegenüber der Selbstmedikation. An den Desinteressierten geht vieles einfach vorbei (nomen est omen), sie kümmern sich wenig um ihre Gesundheit, Männer sind hier überrepräsentiert – aber mutmaßlich nur solange, wie sie gesund sind. Im Hinblick auf das individuelle Wechseln der Typen wäre daher eine Längsschnittstudie interessant … Die Typologie ist letztlich der weiter oben beschriebenen nicht unähnlich.

Was fangen Sie nun damit an?
Zuerst einmal sind Umfragen und das tatsächliche Geschehen nicht identisch. So steigt das Gesundheitsbewusstsein in Umfragen immer weiter, um 60 % bis 70 % der Befragten geben regelmäßig an, sehr auf ihre Gesundheit und ihre Fitness zu achten. Gleichzeitig sind wir inzwischen Europameister beim Übergewicht und Alkoholkonsum pro Kopf. Eine erschreckend hohe Zahl an Kindern hat bereits die typischen Stoffwechsel- und Herz-Kreislaufprobleme älterer Leute.

Die obige Typologie objektiviert im Grunde das, was Sie täglich erleben: Unterschiedlichste Menschentypen. Das bedeutet, dass es den einen Erfolgsweg, die „Verkaufsmasche" nicht gibt. Den größten Erfolg wird derjenige haben, der sich im Einzelfall entweder auf ganz spezielle Kundengruppen spezialisiert (dies wird man aber dann an Indikationen bzw. Fachrichtungen festmachen), oder aber versucht, die Kunden auf mehreren Kanälen gleichzeitig anzusprechen:

- Den selbstbewussten, gerne seine eigenen Entscheidungen treffenden Typus durch eine entsprechendes Frei- und Sichtwahlangebot,
- den ängstlichen, ratsuchenden Typ durch eine vertrauenserweckende Beratungsatmosphäre,
- den Lebensfrohen und Spontanen durch ins Auge stechende Sonderaktionen und die Präsentation von überraschenden Dingen, die eben nicht jeder hat.

1.2.6 Quellen für Marktdaten

Marktdaten, Verbraucheranalysen und sonstige, nützliche Informationen erhalten Sie, über die bekannte Fachpresse hinaus, u.a. aus folgenden Internetquellen:

www.acnielsen.de : Marktforschungsunternehmen ACNielsen (New York / Frankfurt). Veröffentlicht laufend Studien u.a. auch zum Gesundheitsmarkt, OTC-Abverkauf und führt Analysen des Verkaufsverhaltens durch (daher auch die bekannte Einteilung in „Nielsen-Gebiete").

www.gfk.com : Die GfK-Gruppe (Gesellschaft für Konsumforschung).

www.imshealth.de : Die bekannte „IMS" in Frankfurt (ehemals Institut für medizinische Statistik, heute IMS Health), eines der bekanntesten Marktforschungsunternehmen im Pharmabereich, die ihre Daten v.a. in die Industrie verkaufen.

www.insight-health.de : Die Konkurrenz zu IMS Health.

www.bauermedia.com und www.verbraucheranalyse.de : Bauer Verlagsgruppe / Bauer Media KG mit verschiedenen Verbraucheranalysen.

www.bah-online.de : Bundesverband der Arzneimittelhersteller e.V., bietet einige Daten zum deutschen Markt sowie Pharma-Informationen.

www.vfa.de : Verband der forschenden Arzneimittelhersteller; neben Informationen aus der Pharmaindustrie bieten die jährlichen „Statistics" zum Download einen Überblick über den deutschen und internationalen Pharmamarkt.

www.bpi.de : Bundesverband der pharmazeutischen Industrie, die „Pharmadaten" sind das Pendant zu den „Statistics" des VfA.

www.pharmexec.com : Blick in die große Pharmawelt mit internationalen Daten.

2 PRÄPARATEAUSWAHL

Darum geht es in diesem Kapitel:

√ Strukturierte Präparateauswahl nach pharmazeutischen und betriebswirtschaftlichen Kriterien
√ Hilfen für einen rationellen Einkauf
√ Kundennutzen herausarbeiten und Kommunizieren.

2.1 Einleitung

Was möchten Sie überhaupt wofür in welcher Form und zu welchem Preis anbieten? Dazu bedarf es klarer Zielsetzungen. Dies können sein:

- Die eindeutige, betriebswirtschaftliche Ausrichtung. Hierbei geht es um die möglichst rasche Absatz- und Ertragsoptimierung.
- Die pharmazeutische und heilberuflich-patientenorientierte Ausrichtung. Hier steht der optimale Behandlungserfolg und die langfristige Zufriedenheit des Kunden im Vordergrund.

Praktisch wird sich immer ein Kompromiss aus beiden Richtungen finden müssen, denn das eine funktioniert ohne das andere nicht. Dennoch können Sie Schwerpunkte setzen.

Ohne Zweifel bildet der betriebswirtschaftliche Ansatz, der sich vorrangig moderner Präsentationsmethoden und einem wirk-

samen Warengruppenmanagement unter Zugrundelegung kaufmännischer Kennzahlen bedient, den schnelleren und vielleicht
erst einmal ertragreicheren Weg. Er macht zudem weniger Arbeit
und lässt sich leichter im Team durchsetzen – beispielsweise durch
Umsatzprämien.

Der ernsthaft betriebene, lösungs- und patientenorientierte Ansatz erfordert wesentlich mehr Vorarbeit und schlicht auch mehr
fachliche Kompetenz, denn hier müssen Sie für die wichtigen
Indikationen wirksame Lösungen erarbeiten, die über die reine
Empfehlung des Präparates XY hinausgehen. Langfristig schaffen
Sie sich damit aber einen wesentlich zufriedeneren Kundenstamm
und steigern Ihr Ansehen. Sie werden weit weniger ersetzbar, und
das Preisargument verliert an Bedeutung.

Welche Richtung dominiert, hängt nicht zuletzt vom Standort
und Ihrer bisherigen Auslastung ab. In Center- und Lauflagen-
Apotheken mit hoher Kundenfrequenz und bereits sehr hoher
Auslastung des Personals wird man sich zeitraubenden Konzept-
entwicklungen sicher nur ungern hingeben. Anders hingegen in
Randlagen oder auf dem Land, wo der langfristigen Stammkundenbindung höchste Bedeutung zukommt.

Die Ziele:

- Eine Empfehlungsliste: Indikation → geeignete Wirkstoffe →
  geeignete Präparate, ggf. abgestuft: „Luxus-Empfehlung“,
  „Preiswert-Empfehlung“, „alternative Empfehlung“ (Homöopathie etc.),
- klare Umsetzung dieser Listen innerhalb des Teams (jeder empfiehlt bei gleicher Kundenfrage zuerst einmal das Gleiche),

wirtschaftliche Klarheit über Stückerträge, Umsatz- und Ertragspotenziale, Einkaufskonditionen, Schaffung der Datenbasis für ein wirksames Controlling.

2.2 Pharmazeutischer Teil

Das erste Augenmerk sollte dem pharmazeutisch-medizinischen Teil zukommen. Ohne ein wirksames, erprobtes und im Hinblick auf die Risiken und unerwünschten Begleitwirkungen durchgechecktes Angebot werden Sie langfristig keinen Erfolg haben.

2.2.1 Indikationen abstecken

Selbstverständlich deckt die Apotheke prinzipiell so gut wie alle Krankheiten und Beschwerden ab. Wir reden hier aber von OTC-Management, und dies verlangt eine Prioritätensetzung. Daher besteht der erste Schritt darin, die bevorzugten Indikationsbereiche festzulegen:

- Als erstes steht die exakte Definition der jeweiligen Indikation auf der Agenda. „Haut" beispielsweise ist weit gesteckt. „Erkältung" hat viele Facetten, ist von der Grippe abzugrenzen, erstreckt sich auf mehrere Organsysteme. Die angegebenen Top-Indikationsgruppen der Marktforschungsinstitute (siehe Kapitel 1) sind meist zu grob gerastert.
- Das vorhandene Angebot sichten: Sind wirksame, verschreibungsfreie Mittel vorhanden? Sind diese selbstmedikationsgeeignet? Besteht die Gefahr, mit benachbarten Ärzten anein-

anderzugeraten? So ist beispielsweise das Thema Haut sicher anders anzugehen, wenn sich eine große Hautarztpraxis im Haus befindet. Idealerweise suchen Sie die Kooperation, was die Empfehlungen angeht, und vereinbaren klare Regeln, wer mit welchen Beschwerden in die Praxis „überwiesen" wird.

- Das Marktpotenzial und die Fallzahl in der jeweiligen Indikation abstecken. Im Sinne einer Breitenwirkung sind Massenindikationen wie Erkältung, Allergie usw. natürlich zu bevorzugen. Hier gibt es auch die meisten Präparate. Anderseits sind die „Fallwerte" (= Korbumsätze) eher mäßig, die Konkurrenz ist nah und der Preisvergleich der bekannten Massenpräparate fällt zunehmend leicht. Insofern lohnen möglicherweise „Nischenindikationen", für die dann freilich individuell etwas zusammengestellt werden muss, und für die oft nur unbekanntere, nicht unbedingt auf den ersten Blick ersichtliche Präparate existieren. Hier schlägt zudem nicht selten die Stunde der alternativen Medizin, der Homöopathie sowie der orthomolekularen und ernährungsmedizinischen Ansätze.

- Die eigene Interessenlage und Spezialisierung nicht außer Acht lassen! Das mag verwundern, doch bekanntermaßen tut jeder das am liebsten, was ihm Spaß macht, und vermittelt dasjenige am überzeugendsten, was er selbst am besten beherrscht.

- Unbedingt die Gegebenheiten vor Ort beachten. Wer nur wenige Regalmeter aufzuweisen hat, wird ganz andere Prioritäten setzen und die Präsentation auf Top-Seller beschränken; den (großen) Rest wird er über konkrete Empfehlung absetzen müssen. In den Nobelgegenden von München, Stuttgart oder Hamburg fallen die Bedürfnisse und bevorzugten Indikationsgebiete anders aus als in einem Problemviertel oder in einer typischen Vorstadt mit zahlreichen Familien. Insoweit sind die angegebenen Marktdaten immer auf die individuelle Situation am jeweiligen Standort abzugleichen. Was an einem Ort läuft wie geschnitten Brot, liegt woanders wie Blei im Regal.

2.2.2 Praktisches Vorgehen

- Ziehen Sie die ABDA-Datenbank heran. Suchen Sie die selbstmedikationsgeeigneten Indikationen (siehe obige Hinweise) heraus. Sie tun sich praktisch oft leichter, wenn Sie die Rote Liste zusätzlich aufblättern: Hier sehen die einzelnen Hauptgruppen und die zugehörigen Präparate auf einen Blick.
- Erstellen Sie eine Liste der häufigen Indikationen, bei denen Sie etwas bewegen können. Lassen Sie es erst einmal bei maximal 15 bis 20 bewenden, erweitern können Sie dann kontinuierlich.
- Über den ATC-Code (Indikation) oder auch Wirkstoffe können Sie in den meisten Warenwirtschaftssystemen einen Quer-Check zu Ihren Umsätzen und den wichtigsten Präparaten in dieser Indikation vornehmen. Weitere Anhaltspunkte sind Ihre jetzige Sichtwahl (tatsächliche Umsätze prüfen!) und ein Brainstorming, was heute bereits häufig nachgefragt bzw. empfohlen wird.
- Publikationen wie beispielsweise die jährlichen OTC-Studien der PharmaRundschau oder verschiedene Großhandels-Publikationen geben weitere Hinweise, welche Präparate für häufige Indikationen gefragt sind.
- Erstellen Sie eine Tabelle für jede wichtige Indikation mit den geeigneten Wirkstoffen nach untenstehendem Muster. Hieraus wird ersichtlich, welche Wirkstoffe prinzipiell geeignet sind, in

welcher Dosierung, mit welchen Einschränkungen, in welchen sinnvollen Kombinationsmöglichkeiten.

- Nehmen Sie eine Bewertung der Stoffe vor – im Hinblick auf die Wirksamkeit (objektive Studienlage und eigene bzw. Kundenerfahrungen sinnvoll gegeneinander stellen) sowie die Sicherheit (Nebenwirkungsraten etc.). Hier ist der pharmazeutische Sachverstand gefragt! Das eignet sich als „Projektarbeit" für Mitarbeiter (gerade auch Pharmaziepraktikanten oder der Uni noch Näherstehende), denn hier ist aktuelle Pharmakologie gefragt!

- Erarbeiten Sie medizinisches und anatomisches Hintergrundwissen bzw. frischen Sie dieses auf! Besonders eignen sich hier Bücher zur Allgemeinmedizin, teilweise auch die Werke für Heilpraktiker (einige Literaturempfehlungen siehe unten). Sie sollten also gut orientiert sein, welche Therapiemöglichkeiten es gibt, wie sich häufige Krankheiten in ihrer Symptomatik zeigen, und wo vor allem Ihre Grenzen liegen! Die Empfehlung von Präparaten ist immer eine Gratwanderung im Hinblick auf die (dem Apotheker nicht erlaubte) Ausübung der Heilkunde!

Jetzt mögen Sie fragen: Was soll das? Wissen wir doch alles! Falsch! Sie werden zudem feststellen, dass die Lektüre des medizinischen Grundlagenwissens Sie mit etwas Phantasie auf zahlreiche, neue Ideen bringen wird: Ganz andere Ansätze der Therapie, an die Sie gar nicht mehr gedacht haben, und damit der Einstieg in Zusatzempfehlungen und mögliche Zusatzverkäufe über das „08/15" hinaus. Sie kommen einfach in die Thematik wieder viel besser hinein.

Wer genügend Zeit hat, mag sich mit dem Gedanken an eine (seriöse) Heilpraktikerausbildung auseinandersetzen. Nicht unbedingt, dass damit eine berufliche Alternative gegeben ist, sondern um einfach mehr Hintergrundwissen zu bekommen und insgesamt an heilberuflicher Kompetenz zu gewinnen.

Literaturhinweise und Quellen zur Vorbereitung

- Gesenhues, Ziesche: Praxisleitfaden Allgemeinmedizin, Urban & Fischer Verlag München und Jena 2006 (gibt einen exzellenten Überblick über die wichtigsten Gebiete der Medizin, knapp und prägnant)
- Bierbach: Naturheilpraxis heute, Urban & Fischer Verlag München und Jena 2006 (guter Überblick über die gesamte Medizin mit Schwerpunkt auf Naturheilverfahren in gekonnter Aufmachung)
- Aktion Bildungsinformation Stuttgart e.V. (ABI): Wege zum Heilpraktiker, unter www.abi-ev.de
- Lennecke et. al.: Selbstmedikation – Leitlinien zur pharmazeutischen Beratung, Deutscher Apotheker Verlag Stuttgart 2004
- Schulungsmaterial verschiedener Apothekerkammern (z.B. LAK Baden-Württemberg) zum Thema OTC
- Schulungsunterlagen der ABDA zu verschiedenen Themen (auf der ABDA-Webseite unter www.abda.de für Berufsangehörige abrufbar)
- OTC-Studie der PharmaRundschau (erscheint periodisch), P. Keppler Verlag Heusenstamm
- Rote Liste und ABDA-Datenbank

2.2.3 Auswahltabellen

a) **Wirkstoffauswahl** für eine bestimmte Indikation sowie Alternativen z.B. aus dem Bereich Homöopathie / Anthroposophie, orthomolekulare Medizin (s. rechts oben)

b) **Kombinationstabelle:** Welche Wirkstoff-Kombinationen sind sinnvoll, welche ungeeignet oder gar gefährlich?

Wirkstoff:	A	B	C	D
A				
B				
C				
D				

c) Sonstige **Zusatzempfehlungen** für diese Indikation, Geräte, Hilfsmittel, welche zusätzlichen, klinischen Werte lassen sich sinnvoll wie erfassen, Verhaltensratschläge:

_____

_____

Indikation:	Wirkstoffe			Alternativ-Medizin
....	A	B	C	
Tagesdosis typisch Tagesdosis maximal				
Bewertung (Schulnote): Wirkung Sicherheit				
Spezifikationen (z.B. DEV-Verhältnis bei Extrakten)				
absolute Kontraindikationen				
relative Kontraindikationen				
relevante UAW				
Sonstige Bemerkungen:				

d) **Grenzen der Selbstmedikation,** Überweisung an den Arzt bei Vorliegen folgender Symptome:

_____

_____

e) **Quer-Check** zu den Rezepten:
Gibt es Anknüpfungspunkte zu den Rezeptverordnungen? Welche Verordnungen passen zu diesem Thema? Ist ein Zusatzverkauf (unter welchen Bedingungen) sinnvoll?

_____

_____

f) Unser Ergebnis: Für die Indikation _____
(mit Ausnahme folgender Personen-, Risikogruppen:
_____)
werden diese **Wirkstoffe / -kombinationen** vorgeschlagen:

Top-Empfehlung: _____
Zweit-Empfehlung: _____
Empfehlung Alternativ-Medizin: _____

2.2.4 Präparateauswahl

Die obigen, pharmazeutischen Empfehlungen sind nun zu einer konkreten Präparateauswahl zu verdichten. Die Suche nach Wirkstoffen
und zugehörigen Präparaten ist in den heutigen Warenwirtschaftssystemen und mit Hilfe der ADBA-Datenbank leicht möglich.

Wichtige Auswahlkriterien aus Kundensicht:
- Kosten (→ Tagestherapiekosten!)
- Darreichungsform
- Geschmack, Geruch, Aussehen
- Aufmachung
- Markenprodukt gewünscht? Markenvertrauen?

Wichtige Auswahlkriterien aus Apothekensicht:
- Wird der Kunde zufriedengestellt? Werden seine Probleme ge-
  löst, zumindest spürbar gelindert?
- Kann die Stammkundenbindung erhöht werden?
- Ertragsstärke (siehe betriebswirtschaftliche Auswahlkriterien
  weiter unten).

- Markenstärke und Vorverkauf durch Werbung.
- Eignung der Aufmachung für eine Sicht- oder Freiwahlpräsentation.

	Präparat A	Präparat B	Präparat C
enthält an Wirkstoffen:			
Bedeutsame Hilfsstoffe:			
Tagesdosierung typisch: Tagesdosierung max.:			
Dosierung(en) sinnvoll?			
Kombination ggf. sinnvoll?			
Darreichungsform:			
Bewertung Geschmack / Einnehmbarkeit / Anwendung sonst:			
Aufmachung, Design:			
Pckg.-Größen:			
Preise (AVP):			
Tagestherapiekosten: typisch / maximal			
Endbewertung (Note):			
Empfehlungsrang:			

Nun wird die verbindliche, pharmazeutische Empfehlungsliste für diese Indikation aufgestellt. Sie können dazu für die einzelnen, o.a. Kriterien Punkte vergeben und sich an der Punktsumme orientieren, oder mit Ihrem Sachverstand entsprechende Schulnoten verteilen. Manches wird angesichts der Vergleichbarkeit vieler Produkte auch schlicht auf Bauch- und Sympathieentscheidungen hinauslaufen. Vergessen Sie dabei nicht die betriebswirtschaftlichen Erwägungen (siehe in Kap. 2.3 im Anschluss).

Bei der Präparateliste empfiehlt es sich, mehrere Angebote vorzusehen:

a) Die Top-Empfehlung („Luxus-Empfehlung"), qualitativ das Beste für die verwöhnte, anspruchsvolle Premium-Kundschaft,

b) die klassische Empfehlung für den Normalkunden („preiswert" im Sinne von seinen Preis wert),

Tipps für die Praxis:

■ Diese Präparateliste für die bedeutendsten Anwendungsgebiete sollte im Betrieb verbindlich und für alle jederzeit einsehbar sein. Jeder HV-Mitarbeiter sollte mit den grundlegenden Kenntnissen zu diesen Mitteln vertraut sein. Die wichtigsten Wirkungen und absoluten Gegenanzeigen sollten konsequent aus dem Kopf heraus beherrscht werden (selbst wenn Kollege Computer ansonsten die wichtigen Detailinformationen ausgibt).

c) eine „Billigempfehlung" vorrangig für den Bedürftigen, aber auch typischen Discount-Käufer oder „Smart-Shopper". Statt Preisnachlässe auf die Premiumprodukte zu geben, empfehlen Sie eher diese Variante,

d) die alternative Empfehlung für die Kunden, die gerne etwas „ohne Chemie" hätten, sprich aus dem Bereich der Homöopathie, Anthroposophie oder Phythopharmaka.

2.3 Betriebswirtschaftlicher Teil

Eine patientenorientierte Apotheke sollte die pharmazeutischen Auswahlkriterien voranstellen. Trotzdem ist das OTC-Segment ein entscheidender Ertragsbringer, der gerade vor dem Hintergrund der schwieriger werdenden Situation im GKV- und PKV-Markt dauerhaft gestärkt werden sollte. Während der Verordnungsmarkt fremdbestimmt ist, kann hier noch etwas gestaltet werden.

Hinweis: Das Thema Preiskalkulation findet sich in einem eigenen Kapitel.

2.3.1 Zielgrößen

Welches sind die betriebswirtschaftlichen Zielgrößen? Auf der Hand liegen

- die bekannte **Handelsspanne** in Prozent vom Netto-Verkaufspreis,
- der **Stückertrag,** also der absolute Rohgewinn je Packung,
- die **Umschlagsgeschwindigkeit** des betreffenden Artikels (Stückumsatz),

- die **Ertragsleistung** (Rohgewinn) als Produkt aus Stückertrag und Stückumsatz, ggf. bezogen auf einen Regalmeter Frei- oder Sichtwahl,
- und, als Kombination aus Spanne bzw. Aufschlag und Umschlagsgeschwindigkeit, die **Kapitalrentabilität** oder Nutzenkennziffer.

Eine Netto-Handelsspanne („Spanne") oberhalb Ihrer Gesamtkosten erwirtschaftet in dieser prozentualen Betrachtungsweise bereits einen Deckungsbeitrag (DB1) zu Ihrem Unternehmerlohn. Die Gesamtkosten betragen dabei meist um die 20 % vom Nettoumsatz oder besser noch etwas darunter. Der kalkulatorische Unternehmerlohn wird häufig mit etwa 6 % bis 8 % angesetzt.

Eine Spanne oberhalb von Gesamtkostensatz plus Unternehmerlohn-Prozentsatz, in der Summe also in aller Regel etwa 25 % bis 28 %, leistet einen Deckungsbeitrag (DB 2) zum betriebswirtschaftlichen Gewinn. Dies bedeutet, dass nach dieser Betrachtungsweise Spannen von über 30 % erforderlich sind, um gewinnorientiert zu arbeiten.

Praktisch werden im OTC-Segment (apothekenpflichtige Arzneimittel) meist noch 37,5 % bis 42,5 %, bisweilen an die 50 % je nach Absatzstruktur, -menge und Einkaufskonditionen erzielt. Insoweit ist dieser Bereich immer noch die „cash cow".

Der Freiwahlbereich gerät dagegen schon traditionell meist unter die 30 %-Marke, mancherorts unter 20 % bei gleichzeitig niedrigen Stückerträgen. Das liegt bereits in einem Bereich, der nach dieser prozentbezogenen Sichtweise nicht mehr als gewinnbringend beschrieben werden kann. Nur ein niedriger Aufwand (geringere Personalintensität vieler Produkte, Selbstbedienung des

Kunden) kann das möglicherweise etwas kompensieren. Es ist mehrheitlich die hochwertige Kosmetik (die standortabhängig sehr unterschiedlich „geht"), welche hier die Renditen stabilisieren kann. Mit Zahnbürsten, Brausetabletten und Hustenbonbons gelingt das nicht.

Somit gelangt als zweite Kenngröße der **Stückertrag** ins Blickfeld. Wenn Sie eine Großpackung eines Ginkgo-Präparates für 75 € netto und nur 25 % Rohertrag verkaufen, mag dies gemäß der Spannenbetrachtung nur kostendeckend sein und den Unternehmerlohn knapp befriedigen. Andererseits steht ein respektabler, absoluter Stückertrag oder „Stücknutzen" von 18,75 € dahinter. Nehmen wir an, Sie verkaufen 100 000 Arzneimittel-Packungen im Jahr (den Rest an Nicht-Arzneimitteln wollen wir einmal außen vor lassen), mit einem Umsatz von 2,4 Mio. € und einem Rohgewinn von 650 000 €, dann liegt Ihr durchschnittlicher Stückertrag bei 6,50 €. Ziehen wir nur die OTC-Präparate heran, dann seien dies 60 000 Packungen mit 450.000 € Umsatz und 200 000 € Rohgewinn. Hier erwirtschaften Sie also nur noch 200 000 € / 60 000 Packungen = 3,33 € Stückertrag (was wieder die Verordnungslastigkeit des Gewinns vieler Apotheken illustriert).
Vor diesem Hintergrund erscheint die Ginkgo-Packung mit 18,75 € Stücknutzen trotz „nur" 25 % Spanne wie ein kleiner Lottogewinn.

Wir reden hier von Auswahlkriterien für oder gegen ein Produkt – und nicht von der Preiskalkulation, die in einem separaten Kapitel behandelt wird. Wenn also der Endpreis in etwa umrissen ist und als marktgängig identifiziert wurde, dann ist der Stückertrag das relevante Auswahlkriterium für oder gegen das eine oder andere Präparat.

Aber es nutzt Ihnen nichts, wenn ein Artikel einen schönen Rohgewinn verspricht, aber nur selten verkauft wird. Es ist die Kombination aus Stückertrag und Stückumsatz je Zeiteinheit, die den Erfolg ausmacht. Diese Ertragsleistung (Rohertrag je Zeiteinheit) ist die zu optimierende Betriebsgröße. Bezogen auf den einzelnen Regalmeter in der Frei- und Sichtwahl, erhalten Sie so den wichtigen **Regalmeter-Ertrag.**

Haben Sie die Wahl zwischen zwei Produkten, die eine ähnliche Ertragsleistung versprechen, dann wählen Sie jenes, welches diesen Ertrag mit weniger Kapitaleinsatz erbringt, damit also eine höhere Kapitalrentabilität bzw. Nutzenkennziffer aufweist. Diese Kennziffern beziehen die sowohl Umschlagsgeschwindigkeit als auch den Aufschlag mit ein (Näheres siehe weiter unten).

In aller Regel können Sie davon ausgehen, dass der Aufwand der gleiche ist, ob Sie nun Produkt A oder B ins Regal stellen bzw. dem Kunden andienen. Dann entscheiden Sie sich selbstredend, wenn die pharmazeutische Seite geklärt ist, für dasjenige Mittel, welches Ihnen einen höheren Stückertrag (und nicht die höhere

Tipps für die Praxis:

■ Der Stückertrag (= der absolute Rohgewinn je Packung) ist die primäre betriebswirtschaftliche Zielgröße bei der Auswahl vergleichbarer Produkte mit ähnlicher Kapitalbindung und Umschlagshäufigkeit.

Spanne) und im Laufe der Zeit den höheren Gesamtertrag einbringt, und das mit möglichst geringer Kapitalbindung.

Kapitalrentabilität

Zur ausführlichen Beurteilung der Kapitalrentabilität einer Investition in Ware werden folgende Parameter benötigt:

- Welcher Rohgewinn fällt in welcher Zeit an?
- Wie lang ist die Zeit der effektiven Kapitalbindung, und welches Kapital wird zu welcher Zeit gebunden?
- Wie groß ist die Lagerdauer?

$$\text{Kapitalrentabilität} = \frac{\text{Rohgewinn}}{K \cdot t} \cdot 100\%$$

mit

K = durchschnittlich über den Zeitraum t gebundenes Kapital.

Der Rohgewinn wird aus dem Nettoverkaufswert minus dem effektivem Einkaufswert (unter Einrechnung eventueller Rabatte und Skonti) errechnet, und wird geschmälert durch Lager- und Handlingkosten sowie die Aufwendungen zur Beschaffung.

Das durchschnittlich gebundene Kapital kann mit der Hälfte des Rechnungsbetrages angesetzt werden (dies gilt jedenfalls bei halbwegs gleichmäßigem Abverkauf der Ware).

Der Zeitraum t der Kapitalbindung ergibt sich aus der Abverkaufsfrist abzüglich einer eventuellen Valutafrist, bzw. der Abverkaufsfrist, reduziert um die Zeit, die bis zur Bezahlung der Rechnung verstreicht.

Beispiel:

Es stehen je 1.000 Packungen zweier Produkte zum Rentabilitäts-
vergleich an. Der Abverkauf soll vollständig in der angegebenen Zeit
erfolgen. Dann ergibt sich folgende, tabellarisch zusammengefasste
Situation:

	Produkt A	Produkt B
Listenpreis je Pckg. netto	5,00 €	15,00 €
Rabatt in %	25 %	10 %
= effektiver AEK, netto	4,00 €	13,50 €
Verkaufspreis, netto	8,00 €	21,00 €
= Rohgewinn (Stückertrag) je Pckg.	4,00 €	7,50 €
Bestellmenge in Pckg.	1.000	1.000
Lager-, Handlingkostensatz in %	12 %	12 %
... dto., absolut in Euro	480,00 €	1.620,00 €
Gesamter Rohgewinn minus Lagerkosten	3.520,00 €	5.880,00 €
voraussichtliche Abverkaufszeit in Monaten	6 (= 0,5 Jahre)	12 (= 1 Jahr)
gebundenes Kapital*, durchschnittlich	2.000,00 €	6.750,00 €
Valutafrist bzw. Zahlfrist, Monate	2	3
effektive Bindungszeit Kapital, Monate	4 (= 0,33 Jahre)	9 (= 0,75 Jahre)
Kapitalrentabilität in % p.a.	528 %	133 %

*Der vereinnahmte Rohgewinn ist hier aus Vereinfachungsgründen (kompli-
ziertere Zahlungsflussrechnung) vernachlässigt worden. Die reale Kapitalbindung ist also de facto etwas geringer.

Produkt A schneidet somit in Bezug auf die Kapitalrentabilität weit besser ab, als anhand der Spannen (50% vs. 35,7%) zu erwarten gewesen wäre - trotz besserer Valuta und absolut höherem Stückertrag bei B. Doch die viel höhere Kapitalbindung drückt die Kapitalrendite. Absolut scheinen diese Renditen sehr hoch zu liegen; es sind jedoch gängige Größenordnungen für derartige Handelsprodukte; bei Investitionsgütern beispielsweise liegen die Werte weit niedriger.

Die Kapitalrentabilität bzw. Nutzenkennziffer – im Einzelhandel eine zentrale Kennziffer - eignet sich besonders, wenn Produkte verglichen werden sollen, die nicht nur unterschiedliche Stückerträge haben (ansonsten die primäre Zielgröße), sondern zudem noch deutlich unterschiedliche Umschlagsgeschwindigkeiten aufweisen.

Die Nutzenkennziffer

Die Nutzenkennziffer ist die „kleine Schwester" der Kapitalrentabilität, läuft die Aussage doch auf das Gleiche hinaus. Hier gehen Aufschlag und Umschlagshäufigkeit ein. Sofern der Warenumschlag hoch ist und damit die Auslastung, kann mit geringeren Spannen kalkuliert werden - eine Rendite ist trotzdem noch möglich („Aldi-Prinzip"). Die Nutzenkennziffer NKZ errechnet sich aus

$$NKZ = \text{Umschlagshäufigkeit} \cdot \text{Aufschlagssatz}$$

Die Umschlagshäufigkeit ergibt sich aus dem Abverkauf zu Nettoeinstandspreisen, geteilt durch den durchschnittlichen Lagerbestandswert für diesen Artikel (= Mittelwert aus Anfangs- und Endbestand mal Einkaufswert je Packung in der betrachteten Periode).

Beispiel:

Es stehen zwei Hautcremes zur Wahl: Produkt A verspricht einen Umsatz von 300 Packungen im Quartal (1.200 p.a.); Einstandspreis: 2,00 €, Aufschlagssatz (ohne Mehrwertsteuer) = 50% (= Rohgewinn 1,00 € je Packung); es werden halbjährlich 600 Packungen bestellt, der durchschnittliche Lagerbestand liege damit bei etwa 300 Packungen. Produkt B: EK = 10 €, Aufschlagssatz = 60% (= 6,00 € Rohgewinn je Packung), Lagerbestand durchschnittlich 100 Packungen, Umsatz 50 Packungen pro Quartal (200 p.a.).

Lösung:
NKZ von A = 50% (Quartalsbasis), 200% (pro Jahr)
NKZ von B = 30% (Quartalsbasis), 120% (pro Jahr)

Die NKZ bezieht sich auf eine zu betrachtende Periode, z. B. ein Quartal oder ein Jahr. Auf Jahresbasis läuft diese Kennziffer auf die schon erwähnte Kapitalrentabilität heraus. Je größer der Wert, umso besser.

Unter diesen Gesichtspunkten ist A trotz niedrigerer Marge und absolut viel geringerem Rohgewinn je Packung zu bevorzugen; absolut sind beide Werte der NKZ recht niedrig (gute Produkte liegen auf Jahresbasis > 500% bis weit über 1.000%!). Grund sind die viel zu hohen Lagerbestände mit der Folge einer niedrigen Umschlagshäufigkeit (1 bzw. nur 0,5 im Quartal, 4 bzw. 2 p.a.). Die absoluten Rohgewinne sind übrigens mit 300 Euro je Quartal für A und B gleich!
Beachten Sie:

- Die NKZ eignet sich vor allem zu Vergleichszwecken verschiedener Produkte.
- Achten Sie auf den gleichen Zeitbezug (Quartal, Jahr) bei allen Artikeln!

Stellen wir den praktischen Apothekenbezug her, so ergeben sich folgende Anhaltswerte für o.a. Kenngrößen:

Warensortiment	Aufschlagssatz Lagerumschlag p.a.	Kapitalrentabilität in % p.a.
Warenlager komplett	35% - 40% 9 - 12 mal	315% - 480%
Rx Niedrigpreis 10 €, GKV (3% Rabatt)	195% 10 mal	1.950%
Rx Hochpreis 500 €, GKV (3% Rabatt)	7,7% 6 mal	46%
OTC gesamt	70% > 15 mal	> 1.125%
OTC Sichtwahl „gut", geringe Lagertiefe	> 80% > 25 mal	> 2.000%
Freiwahl „gut", knappe Lagerhaltung	25% - 40% > 20 mal	500% - > 800%
Zum Vergleich: Discounter über alles	20% - 25% 20 - 25 mal	400% - 625%

Es werden effektive Aufschlagsätze auf Nettobasis (ohne Mehrwertsteuer) inklusive Rabatten verrechnet. Bedenken Sie bitte, dass die Sicht- und Freiwahl-Kennziffern, immer pro Jahr angegeben, je nach Apothekenstandort, aber auch individueller Lagerhaltung (Lagertiefe und Lagerumschlag!) sehr verschieden ausfallen können. O.a. Werte sollten der Ansporn für eine typische Apotheke ohne weitere Besonderheiten (City-/Center-Lage o.ä.) sein.

Bei Preisaktivitäten sollte zumindest die Kapitalrentabilität erhalten oder gar erhöht werden können, sprich ein niedrigerer Aufschlagssatz sollte durch einen höheren Umschlag mindestens kompensiert werden. Idealerweise bleibt sogar der absolute Rohertrag erhalten oder steigt – oft eine Illusion.

Der eine oder andere mag angesichts der „riesigen" Kapitalrenditen erstaunen. Aber Umschlagszahl mal Aufschlagssatz ergibt eben rechnerisch diesen Wert. Bedenken Sie die Kosten je Packung im Vergleich zum Wert, dann werden diese Relationen schnell verständlich.

Gerade bei der Frage „an Lager oder nicht" sollten obige Werte zu denken geben. Kapitalrentabilitäten unter 200% bis 250% sind in aller Regel kalkulatorisch nicht mehr kostendeckend (vom Stückertrag hingegen möglicherweise schon, vergleiche Diskussion im Kapitel Preiskalkulation).

2.3.2 Einkaufskonditionen

Mit Stückertrag, Ertragsleistung und Nutzenkennziffer als primäre Zielgrößen können Sie in die Einkaufsverhandlungen gehen. Eine recht ausführliche Checkliste hierzu finden Sie untenstehend, sie stellt sozusagen die „Luxusausführung" dar, die Valuten, verschiedene Rabattformen sowie nicht-monetäre Auswahlkriterien berücksichtigt.

Checkliste Einkaufskonditionen

Produkt:	Angebot	bedeutet in € je Packung
Nominal-EK (Listenpreis) je Packung		
Avisierte Bestellmenge		
Rabatt (Naturalrabatt ggf. in Barrabatt umrechnen!)		
= Netto-Netto-EK (NNEK):		
Valuta		
Bonus bzw. Zielvereinbarung		
Proben		
Werbekostenzuschuss WKZ		
Werbematerial, Broschüren		
Schulungen		
Sonstiges:		
Ihr Verkaufspreis VP netto:		
= Stückertrag „bar" (= VP − NNEK)		
= Stückertrag rechnerisch (= VP − rEK*)		
Sonstige Kriterien:		
Markenstärke, Bekanntheit		
Werbung, „Vorverkauf"		
Retourenregelung		
Design		

*rechnerischer EK: Einkaufswert unter Einrechnung der nicht-baren, „indirekten" Rabatte wie Valuta, Proben, Werbekostenzuschuss etc., die deshalb oben je Packung quantifiziert werden sollten.

Rabatte

Rabatte sind ein vorherrschendes Auswahlkriterium – häufig zu Unrecht! Nicht wenige Handzettel und selbst die „professionellen" Kooperationen scheinen sich zu oft nur an günstigen Konditionen zu orientieren – und nicht an dem, was die Kunden interessiert und weiterhin das Profil der Apotheke schärfen könnte.

Tipps für die Praxis:

■ Rabatte sollten nur dann das bestimmende Auswahlkriterium sein, wenn Stückertrag und erwarteter Stückumsatz der zur Auswahl stehenden Präparate ähnlich sind, es also vom Absatz, Kundennutzen und Kapitalbindung her weitgehend egal ist, ob nun A oder B ausgewählt wird.

Gegen diesen Grundsatz wird häufig verstoßen. Eine tolle Kondition „30% Barrabatt plus 90 Tage Valuta plus Proben plus ..." verleitet nicht nur zur Bestellung zu großer Mengen (selbst bei kulanter Retourenregelung bedeutet dies trotzdem Zusatzaufwand und damit Kosten), das Produkt hält häufig nicht das, was es verspricht. Sprich, der Umsatz bleibt hinter dem zurück, was ein alternatives, vielleicht nicht so gut rabattiertes Produkt einbrächte.

Man kann es auch so sehen: Der Hersteller hat es (von speziellen, gut begründeten Sonderaktionen vielleicht abgesehen) offensichtlich nötig, sein Produkt derart in den Markt zu drücken. Der Listenpreis entspricht nicht dem wirklichen Wert. Märkte, in denen auf breiter Front und dauerhaft hohe Rabatte gegeben werden, gelten im Übrigen als „nicht in Ordnung" und krisenanfällig! Beispiele sind die amerikanische Autoindustrie (die Produkte sind nicht mehr marktgerecht und können nur über exorbitante, meist ruinöse Nachlässe abgesetzt werden) oder die Computerindustrie der 1980er und 1990er Jahre. Bezeichnend für diese Märkte sind zudem große Überkapazitäten.

Die heute, gesetzlich erzwungen, vorherrschenden Barrabatte (Naturalrabatte gibt es nur noch im nicht-apothekenpflichtigen Segment, eine Umrechnungstabelle findet sich im Anhang am Ende des Buches) besitzen wenigstens den Vorteil größerer Transparenz. Sie sind auf den ersten Blick vergleichbar, während Naturalrabatte erst in äquivalente Barnachlässe umzurechnen sind.

Wenn Sie die Artikel nicht gegen volle Erstattung zurückgeben können, entfalten alle Rabattformen ihre Wirkung im Übrigen erst, wenn Sie das Produkt restlos verkauft haben! Jede liegen gebliebene Packung schmälert den Nachlass unmittelbar.

Skonto

Bei den meisten Rechnungen der Industrie lautet die Alternative „10 Tage mit x % Skonto" gegenüber „30 Tage ohne Abzug". Der Zeitvorteil bei Verzicht auf Skonto liegt also bei rund 20 Tagen.

Wenn der Skonto, abhängig von Ihren eigenen Kapitalkosten zur Bezahlung der Ware, höher liegt als in der Tabelle angegeben, lohnt sich eine Inanspruchnahme in jedem Fall:

eigene Kapitalkosten (Bank-zinsen) p.a.	Skonto für 20 Tage Zeitvorteil lohnt ab ...
6%	0,33%
9%	0,50%
12%	0,67%
15%	0,83%
18%	1,00%

Wie die Zahlen zeigen, lohnt bereits ein Skonto um 1% fast immer.

Valuta

Valuta bedeutet: Jetzt die Ware, das Bezahlen erfolgt später (meist bis maximal etwa 3 Monate). Der ganz besondere Reiz liegt darin, dass Sie im Idealfall Ihren Umsatz ohne jede Kapitalbindung machen! Diese glückliche Konstellation erzielen Sie, wenn mit Ablauf der Valutafrist Ihre Ware bereits vollständig abverkauft ist.

Damit kann Valuta Sie auf Seiten der Kapitalkosten erheblich entlasten. Es ist ein offenes Geheimnis, dass viele Einzelhandelsketten mit ihren Minirenditen zu einem guten Teil von der Valuta der großen Markenhersteller leben!

Schon bei guter Bonität bedeutet jeder Monat Valuta etwa 0,5% vom Auftragswert an zusätzlichem, geldwertem Vorteil (= rund 6% Jahreszins). Bei angespannter Finanzlage und der Notwendigkeit von teuren Kontokorrentkrediten kann dies auch schnell auf 1% bis 1,5% pro Monat heraufschnellen. Mit anderen Worten: Der Verzicht auf Valuta macht nur Sinn, wenn dafür ein entsprechend höherer Barrabatt, je nach Ihren persönlichen Kapitalkosten, herausspringt. Meist ist die Flexibilität der Außendienstmitarbeiter hier aber begrenzt – und dann sollte die Valuta konsequent in Anspruch genommen und die Bestellmenge so gewählt werden, dass zumindest der größte Teil der Ware in der Valutafrist verkauft werden kann.

Großhandels- oder Direkteinkauf?

Online
PLUS

Eine alte Frage: Ab wann lohnen sich die – inzwischen deutlich geschrumpften – Rabattvorteile des Direkteinkaufs gegenüber einer Großhandelsbestellung, die in aller Regel ab Menge 1 möglich ist, im Direktbezug jedoch meist größere Volumina erfordert?

Direkteinkäufe verursachen gegenüber der GH-Bestellung erst einmal höhere Fixkosten (für Vertreterbesuch, Handling der Sendung, Rechnungsbearbeitung und Terminverfolgung usw.). Je nach Organisationsgrad können das im Minimum 5 € bis 10 € sein, meist dürften bei ehrlicher Gesamtrechnung eher 10 € bis 25 € zu Buche schlagen.

Weiterhin ist ein höherer Kapitalbetrag gebunden – statistisch der Kapitalzins auf die Hälfte des Auftragswertes, über die gesamte, als gleichmäßig betrachtete Abverkaufszeit hinweg betrachtet (denn es erfolgt ja ein kontinuierlicher Abverkauf und damit eine Reduktion des Lagerwertes).

Bei zusätzlichen Fixkosten von angenommen 15 € je Direktbestellung und einem Kapitalzins von 1% pro Monat lässt sich modellhaft die Bevorratungszeit in Monaten ausrechnen, ab der die Kosten der Direktbestellung den Rabattvorteil aufzuzehren beginnen:

Rabatt-Vorteil → Auftragswert	2,00 %	4,00 %	6,00 %	8,00 %	10,00 %
250 EUR	(---)	(---)	(---)	4,0	8,0
500 EUR	(---)	2,0	6,0	10,0	14,0
1.000 EUR	1,0	5,0	9,0	13,0	17,0
2.500 EUR	2,8	6,8	10,8	14,8	18,8
5.000 EUR	3,4	7,4	11,4	15,4	19,4

Lesebeispiel: Sie erhalten vom Großhandel 19 % Rabatt, im Direktbezug könnten Sie 25 % erzielen. Der Rabattvorsprung beträgt
6 %-Punkte. Bei angestrebten 1.000 € Auftragswert dürften Sie
sich maximal für 9 Monate bevorraten; bei längerer Bevorratung
übersteigen die Kosten den Nutzen aus dem Rabattvorteil. Praktisch sollten Sie es bei der Hälfte bis maximal Zweidrittel dieser
Zeit belassen, um überhaupt noch einen nennenswerten Vorteil
zu erzielen. Gleichzeitig sind Verfall- und Überlagerungsrisiken zu
beachten. Es handelt sich hier um eine reine Vergleichsrechnung
ohne die üblichen Lager- und Handlingkosten, da diese sowohl
bei der GH- als auch Direktbestellung anfallen. Es zeigt sich, dass
unter rund 500 € Auftragswert kaum nennenswerte Vorteile im
Direktbezug zu erwirtschaften sind.

Bestellmengen-Optimierung

Die entscheidende Frage: Wie viel darf an Lager gelegt werden,
um einerseits noch möglichst gute (bestellmengenabhängige) Rabatte zu erzielen, andererseits aber nicht zuviel Kapital zu binden
und zudem das Verfallsrisiko überschaubar zu halten?
Eine einfache Formel aus der Warenwirtschaft lautet:

$$\text{Bestellmenge} = \sqrt{\frac{200 \cdot \text{Jahresbedarf} \cdot \text{Bestellkosten}}{\text{Stückpreis} \cdot \text{Lagerkostensatz}}}$$

Die Bestellkosten werden in absoluten Werten eingesetzt, der Lagerkostensatz als Prozentwert (ca. 15% bis 20%).

Beispiel:

Die Bestellung einer größeren Menge eines Kopfschmerzmittels stehe an. Einkaufspreis 2,50 Euro pro Stück, Jahresbedarf 750 Packungen, Lagerkostensatz 15%. Die Bestellkosten sollen mit insgesamt 10 Euro (inklusive Bestellaufnahme beim Vertreter, Rechnungsbearbeitung usw.) angenommen werden. Die Lösung nach obiger Formel lautet auf 200 Stück; damit würde also in etwa ein Quartalsbedarf bestellt werden.

Wann muss die rabattierte Menge umgesetzt sein, bevor der Rabattvorteil (Rabattsatz r) durch Lager- und Kapitalkosten (Zinssätze l und i) aufgezehrt ist? Der Zeitraum Z in Monaten errechnet sich nach

$$Z = \frac{12 \cdot r}{l + i}$$

Beispiel:

Bei Lagerkostensätzen von 15%, Kapitalkosten von 10% und einem Rabatt von 20% inklusive Skonto wird dieser Vorteil in 9,6 Monaten aufgezehrt. Hier wird, im Gegensatz zum reinen GH-/Direkteinkaufsvergleich, mit Zinsen und Lagerkosten gerechnet!

Es wird lediglich eine kaufmännisch sinnvolle Zeit errechnet. Das Verfalls- bzw. Rückgaberisiko bleibt außen vor, muss aber im Einzelfall berücksichtigt werden. Eine zweite, jedoch prioritäre Bedingung könnte daher z.B. Restlaufzeit (bis zum Verfalldatum) minus 6 Monate (12 Monate, je nach Retourenkonditionen) lauten.

Werbekostenzuschuss

Letztlich nur eine andere Art von Rabatt sind die vor einiger Zeit noch wesentlich beliebteren Werbekostenzuschüsse WKZ, die sich in verschiedenster Form ausdrücken können und meist im Zusammenhang mit exakt benannten „Aktionen" gewährt werden. Der nüchtern kalkulierende Kaufmann rechnet den Betrag bzw. den geldwerten Vorteil schlicht auf die einzelne Packung herunter und hat damit einen Anhaltswert für den tatsächlichen „Zusatzrabatt" in Prozent vom Bestellwert. Die Aktionen sind immer unter dem Aspekt zu sehen, ob sie den Absatz wirklich nennenswert steigern können oder aber nur „Aktionitis" bedeuten und dem Außendienstmitarbeiter nur die nötigen Stempel und damit seine Existenzberechtigung sichern.

Nicht monetäre Anreize

Hierzu zählen Proben, Werbematerial, Broschüren, auch manche Eye-Catcher und Seelenschmeichler wie Plüschtiere, Figuren u.a.m. Desgleichen werden allerlei Preisausschreiben, Verlosungen usw. angeboten.

Bisweilen können diese Anreize mehr Wert haben als der ein oder andere Rabattprozentpunkt. Hierbei ist vor allem auf die Dinge zu achten, die eine wirkliche Abverkaufsunterstützung bieten. Der beste Rabatt nützt nichts, wenn der Absatz stockt.

Retourenregelungen

Kulante und vor allem unbürokratische Retourenregelungen sind ein weiteres „Muss". Doch aufgepasst: Gerne wird bestellt, „weil man es ja problemlos retournieren kann". Wenn das Retournieren dann Päckchenpacken heißt oder „nur" ein monatelanges Warten auf den Vertreter bedeutet, ist es eben doch ein beträchtlicher Aufwand und eine unnötige Kapitalbindung. Faktisch ist es doch so, dass sich die Retourenfrage im OTC-Bereich (im Verordnungssegment kommen andere Gründe hinzu) überhaupt nur bei schwachen Produkten stellt. Nicht selten fungieren Sie nämlich als Versuchsballon für die zahlreichen Novitäten. Nun, aus Industriesicht geht es auch kaum anders. Entscheidend sollte aber sein, wie Sie den Markt und die Absatzchancen einschätzen, ob Sie bereits quasi Kunden vor Augen haben, denen das Produkt nützen könnte, und ob das Preis-Leistungs-Verhältnis stimmt.

Zielvereinbarungen

Hersteller sind in der Vergangenheit verstärkt dazu übergegangen, bessere Konditionen nur noch bei „Gegenleistungen" in Form von abgesteckten Absatzzielen, Vorgaben bei der Präsentation, Einsatz von Werbemitteln u.a.m. zu gewähren. Es wurde auch versucht, Einfluss u.a. auf die Preisgestaltung zu nehmen, was bereits das Kartellamt auf den Plan gerufen hat.

Letztlich geht es um Macht, Einfluss auf den Kunden, Einfluss auf den „Point of Sale". In der Industrie herrscht ein Verdrängungskampf, umso stärker, je vergleichbarer und austauschbarer Produkte sind. Es verwundert daher nicht, dass die Zahl der Ideen, diesen Einfluss zu stärken, beinahe unerschöpflich ist.

In der Konsequenz erfolgt heute vielfach eine Klassifizierung der Apotheken und A-, B- und C-Kunden. Die Konditionen werden daran anpasst. Bisweilen gibt es noch eine kleine Klasse der „Top-Kunden", die nochmals besondere Bedingungen erhalten und für die eigene „Key-Accounter" im Außendienst zur Verfügung stehen.

Überlagert wird dies durch die Aktivitäten verschiedener Kooperationen, mit oder ohne Großhandelsbeteiligung, die ebenfalls „ihre" Konditionen erhalten.

In der Summe steigt der Grad der Verflechtungen und Abhängigkeiten. In Kooperationen herrschen gewisse Spielregeln. Für Top-Konditionen der Industrie besteht die Wunschvorstellung darin, dass Sie klare Präferenzen in Ihrer Empfehlung auf das entsprechende Produkt legen. Im Grunde wird Ihnen Ihre Unabhängigkeit so Stück für Stück abgekauft.

Und das ist der entscheidende Punkt: Auf welche Seite schlagen Sie sich schwerpunktmäßig? Legen Sie das Ziel auf die optimale Beschaffung und höchste Nachlässe, ist die Fokussierung auf starke Produkte und die stringente Orientierung an (recht kurzen) Empfehlungslisten unabdingbar. In Lauflagen und Centerapotheken, wo das schnelle Geschäft dominiert, kann eine solche Ausrichtung vorteilhafter sein.

Legen Sie Ihren Schwerpunkt auf die individuelle Kundenbetreuung, sollten Sie sich sehr überlegen, ob Sie für zwei oder drei Prozentpunkte mehr Rabatt irgendwelche Abhängigkeiten eingehen sollen. Ihre Hauptverbündeten sind dann nämlich Ihre Kunden, denen Sie das individuell Optimale empfehlen, auch wenn es vielleicht nicht immer das betriebswirtschaftlich Vorteilhafteste ist. Machen Sie diese Arbeit gut, werden Sie durch Kundentreue belohnt, und man wird bevorzugt Sie um Rat fragen, und nicht nur das günstigste Angebot suchen. Dieses Image, in Ihrer Apotheke stets gut beraten zu sein, ist ebenfalls bares Geld wert und kann manchen Rabattnachteil aufwiegen.

Eine pauschale Antwort, was nun richtig ist, gibt es nicht. Entscheidend sind neben der Lage der Apotheke, der Kundenstruktur und dem vorhandenen Marktpotenzial Ihre persönlichen Ziele und Ihre Bereitschaft, sich auf den Kunden mehr oder weniger intensiv einzulassen.

Tipps für die Praxis:

■ Machen Sie eine nüchterne Gegenüberstellung: Was erwirtschaften Sie bei einer Eins-zu-eins-Umsetzung der Zielvereinbarungen, und wie sieht die Situation aus, wenn Sie sich darauf nicht einlassen? Wie hoch ist die maximale Differenz in Euro und Cent? Rechtfertigt das Abhängigkeiten? Wie sehen diese Abhängigkeiten konkret aus, und was bedeutet das, ganz konkret, für Ihre Kunden? Bekommen diese womöglich ein schlechteres Produkt zu höheren Preisen?

Markenstärke

Obwohl hier an letzter Stelle genannt, ist die Markenstärke des Produktes unter betriebswirtschaftlichen Gesichtspunkten ein ganz entscheidendes Auswahlkriterium.

Die Tatsachen, dass bekannte Produkte bereits werblich vorverkauft sind, quasi einen Vertrauensbonus beim Kunden genießen und zudem bei diesen Markenartikeln der Preis nicht die vorherrschende Bedeutung hat (zumindest, solange gewisse Schwellenpreise eingehalten werden), erleichtern den Abverkauf ungemein. Das ist bares Geld wert! Sie wissen selbst, wie aufwändig es ist, jemanden von etwas zu überzeugen, was er noch nicht kennt. Soll er zum „Stammkunden" für dieses Produkt gemacht werden, müssen sorgfältig die Erfahrungen damit abgefragt, die positiven Wirkungen gefestigt werden. All dies entfällt bei bekannten, bewährten Produkten weitestgehend. Das ist viel mehr wert, als einige Prozentpunkte mehr oder weniger Rabatt.

Die Markenstärke erschließt sich aus Absatzdaten von Marktforschungsinstitutionen (IMS, Insight Health, GfK u.a.), den Werbeplänen der Industrie, Veröffentlichungen wie der periodischen „OTC-Studie" der PharmaRundschau oder Rankinglisten der Großhandlungen. Vernachlässigen Sie nicht die eigene Beobachtung der Werbeaktivitäten in den zielgruppenrelevanten Medien (z.B. in Apotheken-, Fernsehzeitungen, TV-Werbung). Bedenken Sie jedoch, dass es durchaus sehr lokale Besonderheiten gibt! Hier sollten Sie im Zweifelsfall auf eigene Erfahrungen vertrauen.

2.3.3 Tricks und Strategien

Sie kennen die klassische Situation: Es ist 11:00 Uhr, beste Apothekenzeit, der Laden steht voll. Weithin durch Schlips und Kragen sowie den dicken Koffer kenntlich, erscheint auch noch Vertreter Müller von Mayer Pharma. „Guten Morgen, Müller von Mayer Pharma, darf ich Ihnen unsere neuesten Angebote ...". Wenn Sie jetzt nicht aufpassen und der raumgreifende Ordner auf dem Tisch zu liegen kommt, dann ist die nächste halbe Stunde gelaufen ...

Mag sein, dass sogar die eine oder andere Neuigkeit dabei herausspringt. In aller Regel können Sie aber Ihre Zeit effektiver oder angenehmer verbringen.

Deshalb einige Ratschläge aus der Praxis:

- Vor allem größere Aufträge (z. B. bekannter Generika- und Markenhersteller) verhandeln Sie bitte **nur auf Termin!** Reservieren Sie sich dann aber auch die notwendige Zeit. Das gebietet die Höflichkeit und liegt ganz in Ihrem Sinne!
- Schaffen Sie eine **freundliche Atmosphäre.** Größere Aufträge verhandeln Sie im Büro und nicht zwischen Tür und Angel. Lassen Sie den Partner dazu bequem sitzen und bieten Sie ein Getränk an. Das kostet fast nichts und fördert die Kompromissbereitschaft.
- **Konzentrieren Sie sich** auf Ihr Gegenüber und stellen Sie Ablenkungen (Telefon, Mitarbeiterfragen etc.) ab bzw. beschränken Sie sie auf das Allernötigste.
- **Führen Sie das Gespräch** – im wörtlichen Sinne. Freundlich, mit Humor und Herzlichkeit – aber hart in der Sache. Stellen vor allem Sie die Fragen! Sie sind hier der Kunde!
- **90 % des Erfolges sind Vorbereitung.** Haben Sie alle Ihre produktbezogenen Umsatzdaten zur Hand. Geben Sie sich kom-

petent, was den Markt angeht, insbesondere im Hinblick auf die Vor- und Nachteile der jeweiligen Konkurrenzpräparate und deren Konditionen. Haben sich Ihre Erwartungen erfüllt? Warum bzw. warum nicht? Was ist an Retouren übrig geblieben? Gab es nennenswerte Kundenreklamationen? Welche Lösungen bietet der Vertreter zu den einzelnen Punkten an?

- Zum **Konditionenvergleich** gehört selbstverständlich immer der Vergleich zur Bestellung beim Großhandel, die in aller Regel weit weniger Aufwand bedeutet und meist schon ab Menge 1 entsprechend rabattiert wird. Nach diversen Faustregeln lohnt eine Direktbestellung nur bei Aufträgen ab etwa 500 Euro. Regelrechte Verhandlungen lohnen erst ab vierstelligen Auftragswerten.

- Eine **Checkliste** (s. S. 55) kann weiterhelfen, alle wichtigen Punkte abzuhandeln und nichts zu vergessen.

- **Ziel- und Bonusvereinbarungen** sind heute ein beliebtes Mittel geworden, mit denen man Sie in die „Pflicht" nehmen will. Marktstarke Firmen können sich das in der Tat „leisten" (bekommen aber, wie unlängst geschehen, möglicherweise mit den Kartellbehörden Schwierigkeiten ...). Hier stellt sich aber schnell die Frage, auf was Sie sich da einlassen. Der Markt für eine jeweilige Indikation ist begrenzt. Was Sie an Produkt A verkaufen, geht dann eben von Produkt B ab. Was bedeutet das (Alternativrechnung)? Letztlich muss das Produkt so markenstark und akzeptiert sein (damit es sich leicht verkauft) und zudem die höchsten Stückerträge aufweisen, damit sich eine solche Zielvereinbarung lohnt. Ansonsten können zwei oder drei Prozentpunkte weniger Rabatt mit Konkurrenzprodukten womöglich schnell hereingewirtschaftet werden - ohne Verpflichtung.

- Lassen Sie sich, wenn Sie sich jetzt nicht gleich für ein bestimmtes Produkt entscheiden mögen, **schriftliche Informationen** oder einen Hinweis geben, wo man dies im Internet abrufen kann (Sie glauben gar nicht, wie oft noch anno 2007 dieser Wunsch mit einem ungläubigen Staunen quittiert wird).

- **Erfolg auf den letzten Metern.** Wenn der Abschluss greifbar nahe ist und der Verkäufer bereits den Auftrag innerlich „verbucht" hat, können Sie noch mal etwas nachlegen: Aber bitte noch soundsoviel Proben, den niedlichen Plüsch-Eisbär, jenes Give-away. Mit Fingerspitzengefühl holen Sie hier noch einmal etwas heraus – denn Ihr Gegenüber möchte es jetzt nicht auf den letzten Metern scheitern lassen. Doch Vorsicht: Wenn Sie „überziehen", geschieht genau dies. Überziehen bedeutet, wenn Sie die grundsätzlich schon vereinbarten Konditionen wieder in Frage stellen und das „Gesamtpaket" wieder aufschnüren. Das funktioniert nicht! Sie können meist nur erreichen, dass noch ein wenig etwas oben drauf gelegt wird. Aber immerhin – auch das addiert sich! An der Gesamtofferte sollten Sie zu diesem Zeitpunkt nicht mehr rütteln. Das muss vorher geschehen.

- **Vergeuden Sie keine Zeit.** Setzen Sie also von vornherein einen Zeitrahmen fest. Wenn ein Produkt für Sie partout nicht infrage kommt, dann reden Sie nicht lange darum herum. Beenden Sie das Gespräch freundlich, vielleicht auch mit Humor oder Bedauern. Aber stehlen Sie nicht sich und anderen die Zeit. Und tätigen Sie keine Käufe aus Verlegenheit oder Mitleid. Wenn ein Vertreter mit „schwachen" Produkten unterwegs ist, hilft ihm Ihr Auftrag (der meist doch als Retoure oder gar auf dem Müll endet) mittelfristig auch nicht weiter. Das Scheitern des Produktes wird so oder so offenbar werden (bei über 2.500

Novitäten pro Jahr entwickeln sich übrigens zwangsläufig die meisten Produkte nicht zu Rennern ...).

2.4 Ethik versus Monetik

Die Auswahl eines Präparates stellt immer einen Spagat zwischen Ethik und dem Kundenbedürfnis nach einem guten Preis-Leistungs-Verhältnis und Ihren Renditeerwartungen dar.

2.4.1 Beispieldiskussionen

Einige Beispiele mögen die Vielfalt der Auswahlkriterien und die bisweilen gegensätzlichen Erwartungen demonstrieren.

Der Arzneiklassiker Acetylsalicylsäure ist in den verschiedensten Darreichungsformen und in vielfältigen Kombinationen von einer ganzen Reihe von Anbietern am Markt.

Die Marke Aspirin® ist eines der prominentesten Beispiele für eine erfolgreiche „Line-Extension", womit das stückweise Ausrollen einer ganzen Produktlinie gemeint ist. Was einmal mit den klassischen Aspirin-Tabletten gestartet ist, verteilt sich heute auf Dutzende, verschiedene Präparate, wobei die klassische Acetylsalicylsäure stets Hauptbestandteil ist. Der Markenname plus die Spezialisierung auf eine bestimmte Indikation (Aspirin - Migräne) oder Darreichungsform (Aspirin direkt) soll höhere Preise rechtfertigen. Durch die Aufsplittung wird der Gesamtumsatz beträchtlich gesteigert, und stete Produkterweiterungen halten diesen Prozess am Laufen – bis irgendwann tatsächlich eine Sättigung erreicht sein wird und umgekehrt Sortimentsbereinigungen nötig werden.

Andere Hersteller – nicht nur im OTC-Segment - fahren ebenfalls auf diesem Zug der Line-Extension seit vielen Jahren.

Die Apotheke verdient letztlich an diesem Prozess mit, wenn der Gesamtumsatz steigt. Doch ist die Ausweitung des Warenlagers ausgesprochen lästig und bedeutet einen höheren Kapitaleinsatz, zumal man die sachliche Notwendigkeit dieser Vielfalt ernsthaft hinterfragen kann. Eine Lösung liegt in der Fokussierung auf weniger Marken – für jedes neu an Lager genommenes Produkt wird möglichst ein anderes, schlecht gehendes aussortiert.

Aus Kundensicht könnte man durchaus einwenden, dass alter Wein in neuen Schläuchen präsentiert wird, zu höheren Preisen – wenn der Kunde das Spiel überhaupt durchschaut. Doch ist das ehrlicherweise in anderen Branchen ganz genauso. So sind z.B. viele Autos des Volkswagen-Konzerns (Audi, VW, Seat, Skoda) technisch sehr ähnlich, mit gleichen Motoren, Getrieben und Plattformen. Die Preise differieren aber trotzdem ganz erheblich – die mehr oder weniger elegante „Verpackung" macht dabei den Löwenanteil aus.

Mit einer ähnlichen Markendiversifizierung können Sie in der Apotheke genauso gut leben. Es gibt Billigprodukte, aber eben auch die hochwertigeren, häufig zusätzlich noch galenisch besser aufbereiteten Markenprodukte. Zudem spielt sich das Meiste im OTC-Bereich in Preisregionen ab, die den durchschnittlichen Verbraucher nicht überfordern.

Was bei ASS und Co. noch recht einfach ist, auch im Hinblick auf die Vergleichbarkeit der Produkte, kann z.B. bei Phytopharmaka wesentlich anspruchsvoller werden. Dazu ein ausführliches Beispiel.

Salbei hat verschiedene Wirkungen. Neben der Entzündungshemmung (klassische Halsbonbons) besteht eine schweißhemmende Wirkung. Für letztere Indikation hält sich die Zahl der Fertigpräparate mit zwei bedeutsamen in Grenzen, weswegen sich dies gut als Falldiskussion eignet.

Die Frage lautet: Was empfehle ich dem übermäßig Schwitzenden? Vergleichen wir die beiden Präparate (Preise Stand 2006, nur beispielhaft zu sehen):

Anbieter	A	B
Darreichungsform	Dragees	Dragees; Tropfen
Packungsgrößen	50, 100, 200 Drg.	60, 120, 240 Drg. 30, 150 ml
Wirkstoffgehalt	1 Drg: 80 mg Salbei-Extrakt wässrig, DEV = 4 – 6,7 : 1	1 Drg: 100 mg Salbei-Extrakt wässrig, DEV = 4 – 6,7 : 1 1 g: 0,8 g wässriger Auszug (1 : 2,9 – 3,1), 0,1 g Salbeiöl
1 Drg. / 1 g Trpf. entspricht ... g Droge	0,32 – 0,54 g	1 Drg.: 0,40 - 0,67 g 1 g: 0,26 - 0,28 g
Dosierung	3 x 1 – 2 Drg.	3 x 1 – 2 Drg. 3 x 40 – 60 Trpf.
1 Pckg. enthält die Bestandteile von ... g Droge, größte Pckg.*	64 g – 107 g	96 g – 161 g 38 g – 41 g
Preise (UVP) in €	11,95; 20,10; 32,90	9,21; 16,81; 30,37 Trpf.: 6,36; 24,00
Preis je Drg. bzw. g in €	0,24; 0,20; 0,16	0,15; 0,14; 0,13 Trpf.: 0,21; 0,16
Preis je g Droge* (Basis: größte Pckg.)	0,31 – 0,51 €	0,19 – 0,32 € Trpf.: 0,59 – 0,63 €
Tagestherapiekosten (größte Pckg., angegebene Höchstdosierung)	0,99 €	Drg.: 0,76 € Trpf.: 1,15 € (Annahme: 25 Tr. = 1 g)
... Reichweite	33 Tage	Drg.: 40 Tage Trpf.: 21 Tage

*mit den Grenzen der DEV-Verhältnisse (wie angegeben) berechnet

Die Datenfülle mag überraschen, obwohl alle Werte mittels der vier Grundrechenarten schnell zu ermitteln sind. Doch die Mühe dieses Vergleiches bringt wichtige Ergebnisse.

Erwartungsgemäß ist das ältere, bekanntere Markenpräparat das teurere. Dies wird an den praktisch relevanten Tagestherapiekosten beim Vergleich der Dragees deutlich. Noch deutlicher wird der Unterschied, wenn man den Preis betrachtet, der je Gramm Droge zu entrichten ist, welche letztlich in den jeweiligen Extrakten verarbeitet ist. Der Dreiklang aus niedrigerer Dosierung, etwas höherem Preis und zusätzlich kleineren Packungsgrößen macht das bekannte Markenpräparat spezifisch deutlich teurer, was aber geschickt kaschiert ist.

Ökonomisch schlecht schneiden aber dagegen die Tropfen des ansonsten günstigeren Anbieters B ab. Dieser Befund ist nicht ungewöhnlich. Bei Tropfen, Säften usw. kauft man häufig eine Menge teures Wasser und bisweilen noch Zucker.

Und die Empfehlung für die Praxis?

Rational spricht alles für die Großpackung Dragees von Anbieter B. Spezifisch sind hier die Kosten am günstigsten, der Kunde bekommt mehr fürs Geld, die Wirkung, bei pflanzlichen Präparaten dieser Art meist an höhere Dosierungen gebunden, dürfte etwas besser ausfallen. Die absoluten Packungspreise sind hingegen gar nicht so unterschiedlich, insbesondere bei den Großpackungen. Je nach Einkaufskonditionen können damit die Stückerträge ähnlich ausfallen.

Der altbekannte Stammkunde, der einem am Herzen liegt und zu dem ein gutes Verhältnis besteht, kann also Mittel B bekommen. Anders wird die Situation beim Gelegenheitskunden sein.

Ein wohlklingender, bekannter Firmenname, vielleicht ein ansprechenderes Packungsdesign und womöglich eine zugkräftige Publikumswerbung kann hier den schnelleren Beratungserfolg bedeuten. Ähnliche Überlegungen wären für eine eventuelle Sichtwahlgestaltung zu treffen. Rationalität und Absatzerfolg sind oft zweierlei. Oder warum sonst macht z. B. Porsche solche guten Geschäfte?

Eine Provokation zum Schluss soll Ihnen nicht vorenthalten werden.

100 g Salbeitee gibt es in der Apotheke schon für rund 3,50 €. Wie wir oben sehen, enthält eine Großpackung auch nur die durch wässrige Extraktion gewonnenen Inhaltsstoffe von allenfalls etwas mehr als 100g Droge bei Anbieter A oder maximal etwa 161g bei B, je Dragee entspricht dies dann etwa um die 0,5g. Ein gut durchgezogener Teeaufguss (1,5 bis 2g Teeblätter!) dürfte dem nicht viel nachstehen, im Gegenteil, da auch die Handelspräparate „nur" auf wässrigen Extrakten basieren ...

Der individuell und heilberuflich orientierte Apotheker wird also vielleicht seinem Stammkunden, der nicht in der Lage oder willens ist, Monat für Monat über 30,00 € für ein Präparat auszugeben, eine eigene Teemischung (die ein paar Euro teurer als 3,50 € ist, ein wenig Ökonomie muss sein) anbieten, die noch ein oder zwei weitere Bestandteile enthält.

Der Vollständigkeit halber seien hier aber die Grenzen aufgeführt. Sie kennen alle den Ginkgo biloba-Extrakt, ein Musterbeispiel für einerseits belegte Wirkungen, andererseits hohe Preise. Die natürlich viel billigere Alternative Tee oder pulverisierte Droge scheidet hier unter ernsthaften, pharmakologischen Aspekten aus. Zum einen handelt es sich um (seinerzeit von der Firma Schwabe erstmals patentierte) Spezialextrakte, die in einem äußerst aufwendigen Prozess gewonnen werden, in welchem u.a. unerwünschte Bestandteile mit negativer Wirkung gezielt abgereichert, die erwünschten Inhaltsstoffe jedoch präzise standardisiert werden (Näheres siehe Spezialliteratur). Zum anderen lehrt ein Blick in den Beipackzettel, dass das Droge-Extrakt-Verhältnis mit 35 bis 67 zu 1 sehr hoch ist (um 120 mg, die empfehlenswerte „Hochdosierung", zu erlangen, müssten rund 6g = 3 bis 4 übliche Teebeutel Droge eingesetzt werden). Zudem wird bei den Fertigpräparaten Aceton 60% als Extraktionsmittel eingesetzt, ein Teeaufguss wird also niemals ein vergleichbares Ergebnis liefern. Die Empfehlung eines Tees als Alternative wäre hier also ein pharmazeutischer Kunstfehler, auch wenn etliche „Fitness-Drinks" und „Wellness-Teemischungen" sich heute ihres Gehaltes an Ginkgo, Ginseng und anderen, arzneilich bekannten Drogen rühmen.

2.4.2 Beispiel Topika

Sie stehen vor der Auswahl topisch wirksamer Präparate gegen Schmerzen nach Verstauchungen, bei Prellungen, oder auch sonstigen Gelenk- und Muskelschmerzen. Abgesehen davon, dass hier medizinisch differenziert werden muss – wir wollen hier das folgende, in der Praxis gar nicht so seltene Problem erörtern: Ein sehr bekanntes, marktführendes, lange eingeführtes Präparat ist unter pharmakologischen Aspekten „von gestern", seine klinisch bewiesene Wirkung eher schwach. Trotzdem wird es gut verkauft und bestens beworben. Und wir haben ja alle mal gelernt: „Schmieren und Salben hilft allenthalben". Heute gibt es freilich wesentlich bessere Alternativen.

Was tun? Folgende Fragen sind zu beantworten:

- Kommt der Kunde mit einem vorgefassten Präparatewunsch? Ist er damit bisher zufrieden gewesen?
- Oder ist der Kunde unsicher und möchte eine Empfehlung?
- Wie hoch ist die Dringlichkeit des Problems? Wäre es schlimm, ganz provokativ gefragt, wenn das Mittel nicht oder nur schwach wirkt und der allbekannte Placeboeffekt schon genügt?

Grundsätzlich sollte ein bestehender Präparatewunsch nicht ausgeredet werden, wenn nicht wirklich dringliche, medizinische Erwägungen dem entgegenstehen (was aber eher selten ist). Des Menschen Wille ist sein Himmelreich! Es macht ungleich mehr Arbeit – und ist zudem im Hinblick auf die weitere Kundenbeziehung risikobehaftet – jemanden umzustimmen. Es bedarf feiner Antennen, eventuelle Unsicherheit oder Ratlosigkeit zu erkennen, die Ansatzpunkte wären, einzuhaken und doch die bessere Alternative zu empfehlen.

Selbst wenn das von ihm explizit gewünschte Mittel nicht wirkt wie erhofft, wird der Kunde Ihnen das nicht vorhalten. Er wird eher nach einem weiteren Präparat nachfragen und dann Ihren Rat aufnehmen. Ganz anders, wenn Ihre Empfehlung (womöglich entgegen der inneren Überzeugung des Patienten ergangen) nicht das hält, was versprochen wurde – das wird dann prompt Ihnen angekreidet!

2.4.3 Herausforderung Dauerverwender

Wer wünscht sich das nicht? Kunden, die Monat für Monat 40, 50 oder mehr Euro in die Apotheke tragen, für laufend verwendete

Dauerpräparate. Dies sind die wirklich rentablen Kunden, die der Apotheke hohe Deckungsbeiträge generieren.

Pharmazeutisch betrachtet gibt es eine Vielzahl von Indikationen, die förmlich nach einer solchen Dauereinnahme von Präparaten schreien, um überhaupt messbare Effekte zeitigen zu können:

- Anti-Aging,
- Herz-Kreislauf,
- Verdauung,
- viele Hautindikationen („Schönheit von innen"),
- begleitende Supplementierung bei atopischen Erkrankungen und Allergien, möglicherweise auch rheumatische Erkrankungen,
- weitere chronische Erkrankungen wie Diabetes u.a..

Leider reicht vielfach eine kurmäßige Anwendung über einige Wochen nicht aus, eine dauerhafte Einnahme ist gefragt. Wer sein Schlaganfall- oder Herzinfarktrisiko mit Acetylsalicylsäure, Ginkgo oder Omega-Fettsäuren senken will, muss eben täglich die notwendige Dosis zu sich nehmen. Atopiker benötigen laufend Gamma-Linolensäure oder andere, ungesättigte Öle. Das implizierte eine Reihe von Fragen:

- Wie sieht die pharmaökonomische Gesamtrechnung aus? Eine Anwendung von Ginkgo über 30 Jahre beispielsweise kann Kosten von um die 10.000 € bedeuten, für eine Risikoreduktion von vielleicht 30 % (den exakten Wert kennen wir ehrlicherweise überhaupt nicht und werden ihn auch nach weiteren Studien vorerst nicht exakt über einen so langen Zeitraum beziffern können).
- Andererseits illustriert o.a. Beispiel das ökonomische Potenzial.
- Ein Kunde, der einen Moment über seine Ausgaben nachdenkt,

wird sich gerade bei relativ teuren, selbst bezahlten Daueranwendungen, an denen sich wenig ändert, möglicherweise bald nach günstigeren Alternativen (Versand, preisaktive Discount-Apotheke) umsehen. Das Preisargument spielt langfristig bei dieser Kundschaft eine zunehmende Rolle.

Mit Tricks, wie die konsequente Herunterrechnung auf Tagestherapiekosten (für nicht einmal 1 Euro pro Tag reduzieren Sie ..., erhalten Sie ...) lässt sich Manches kaschieren. Am Ende steht an der Kasse jedoch ein absoluter Betrag.

Durch das Anbieten von individuell zusammengestellten Kombinationen spezieller Präparate, eigene Mischungen und Leistungspakete bzw. eine regelrechte Betreuung zu Pauschalkosten (mit Definition klarer Zielgrößen, der Kunde kauft „Erfolg") ergeben sich für diese hochinteressante, gleichwohl nicht unkritische Zielgruppe neue Ansätze, die bislang noch kaum genutzt werden. Ansätze, die freilich eine ganz erhebliche Vorarbeit erfordern, vorderhand fachlicher, aber auch marketingtechnischer Natur!

2.4.4 Viel Geld für wenig? Beispiel Luxus-Kosmetik

Beschleicht Sie ein ungutes Gefühl, wenn Sie eine Nachtcreme für 79,95 € verkaufen, von der Sie als Fachmann / -frau wissen, dass sie allenfalls 5 € in der Herstellung kostet (davon das Meiste für die Aufmachung) und alleine über 30 € Werbe- und Vertriebskosten darin stecken?
Hierzu stellen sich zwei Fragen:

1) Was kauft der Kunde tatsächlich?
2) Was will er eigentlich kaufen?

Wenn die Antworten beides einigermaßen zur Deckung bringen, brauchen Sie kein schlechtes Gewissen zu haben!

Der entscheidende Punkt ist der, dass in diesen Luxussegmenten in aller Regel keine reinen Sachwerte gekauft werden, sondern viel mehr:

Zuerst einmal Vorstellungen (Illusionen?) vom Produkt und sich selbst, ein Stück weit Stolz, sich das leisten zu können (und zu wollen), sich etwas zu gönnen, Versäumtes nachzuholen, Zugehörigkeit zu einer gewissen Gruppe oder Klasse zu demonstrieren, damit verbunden das Setzen von Zeichen und Symbolen, natürlich aber auch fassbare Dinge wie die Erwartung an eine herausragende Qualität (die nicht immer geboten wird).

Objektive Kriterien wie Qualität oder gewisse Leistungsmerkmale werden dabei massiv von subjektiven Empfindungen überlagert. Das gilt für viele, betont hochwertige Güter: Luxusautos, edler Schmuck, Luxusbekleidung u.v.m.

Betrachten Sie daher das Beispiel von Luxus-Sportwagen.

Ganz nüchtern könnten Sie fragen: Wann können Sie die eigentlichen Stärken des Wagens schon einmal nutzen (Fahrleistungen)? Auch sagt Ihnen keiner, wie viele Unfälle je Million Personenkilometer Sportwagenfahrer haben, über die horrenden Folgekosten schweigt sowieso jeder. Heutige Kriterien wie der CO_2-Ausstoß tun ein Übriges zur objektiv gar nicht so tollen Bilanz.

Doch das alles tut dem Erfolg dieser Produkte keinen Abbruch. Auch entsteht zumeist nicht der Eindruck, dass die Käufer in Anbetracht der objektiv ungünstigen Kosten-Nutzen-Relation unglücklich wären. Somit entscheidet also die schlussendliche Zufriedenheit des Kunden mit seiner individuell getroffenen Wahl.

Ganz ähnlich verhält es sich mit Ihrem Luxuskunden. 79,95 € mögen für ihn das bedeuten wie für Sie der Kauf eines Brötchens für 0,50 €. Vielleicht spürt er den Preis sogar stärker, aber er spürt ihn gerne – er ist es sich wert.

Bedenken Sie freilich auch: Die Luxusmärkte sind schwer berechenbare, gleichwohl außerordentlich lukrative Märkte, in die sehr viele streben. Dies vor allem international betrachtet, da die Zahl der Millionäre gerade in den neuen Wachstumsregionen der Welt überproportional zunimmt. Die Kundschaft ist allerdings heute sehr beweglich und orientiert sich weltweit. Trends kommen und gehen hier sehr schnell ...

2.4.5 Verkaufspsychologie

Über Verkaufspsychologie finden Sie regalmeterweise Literatur. Das verwundert nicht in einer angebotsorientierten Gesellschaft, in der Waren im Überfluss vorhanden sind und der Kunde mit seinem Ausgabeverhalten der limitierende Faktor ist.

Ohne hier auf alle Feinheiten eingehen zu wollen, sollte ein erfolgreicher Verkäufer einige Grunderkenntnisse beherzigen.

Woran denkt ein jeder zuerst? An sich! Und zwar bei fast allem, was jemand tut. Das klingt arg egoistisch, ist aber de facto so. Selbst scheinbar altruistische Verhaltensweisen zielen darauf ab, die entsprechende Sympathie und Dankbarkeit auf sich zu ziehen – und daraus sein Lebenselixier zu schöpfen.

Das bedeutet – zumindest für die meisten Menschen, Ausnahmen gibt es immer:

- Jeder hört seinen Namen gern, steht gerne im Mittelpunkt (von was?) und wird gerne umsorgt.
- Der eigene Standpunkt, die eigene Meinung hat Vorrang vor anderen.
- Wir sind selbstverständlich alle zumindest ziemlich intelligent, fahren mindestens ganz ordentlich Auto, wissen, worum es geht, und haben meist durchaus erfolgreiche Rezepte zum Umgang mit den üblichen Anforderungen des Alltags entwickelt.
- Jeder hat seine spezifische Wahrnehmung von seiner Umwelt entwickelt. Was dem einen ins Auge sticht, übersieht ein Anderer glattweg. Was für den einen glasklar und selbstverständlich erscheint, ist für den anderen eine fremde Welt.
- Unsere Bedürfnisse sind abgestuft je nach materiellem, emotionalem und geistigem Sättigungsgrad ("Pawlowsche Bedürfnispyramide"). Dabei verschieben sich diese Bedürfnisse je nach Lebenslage bisweilen dramatisch.

Das alles Entscheidende für Sie, der etwas anbietet und damit idealerweise die Bedürfnisse des Gegenübers trifft, besteht nun darin, diese Bedürfnisse erst einmal zu erkennen. Wie „tickt" derjenige, der auf der anderen Seite des Tisches steht? Was sind ihre/seine Motive, mit mir zu reden? Was erwartet sie/er? Überwiegen Hoffnungen, konkrete Erwartungen, rationales Wissen?

Vieles von dem hat Ihnen die Industrie bereits abgenommen. Durch Konsumforschung, Auswertung objektiver Fallzahlen usw. sind Produkte kreiert worden, die für gewisse Patientengruppen eine Lösung darstellen.

Leider (glücklicherweise?) sind es so viele, dass man vor lauter Wald die Bäume nicht mehr sieht. Das ist wiederum Ihre Chance. Dabei müssen Sie immer davon ausgehen, dass eine erhebliche Wissens-Asymmetrie besteht, auch wenn diese infolge immer besser informierter Kunden teilweise kleiner wird. Was für Sie selbstverständlich ist, der „Goldstandard" oder aber (vielleicht nur scheinbar je nach Wahrnehmungswelt?) Quatsch und Scharlatanerie, ist dem Gegenüber oft gar nicht klar. Andererseits dürfen Sie die Menschen nicht unterschätzen („das merken die doch nicht, ob die da 10 ml oder 15 ml kaufen ...").

Deshalb ist das Ergründen des Gegenübers so elementar, und deshalb ja auch die immerwährende Empfehlung, „offene" Fragen (W-Fragen: Wie? Seit wann? Warum usw.) zu stellen, um schlussendlich zu erfahren:

- Wo liegt das konkrete Problem (was für Sie eine lächerliche Kleinigkeit sein kann, ist für den Kunden vielleicht ein Riesenproblem)?
- Was will der Kunde überhaupt, erwartet er eine (wie geartete?) Problemlösung oder womöglich etwas ganz anderes (wie Zuhören, Zuneigung, Bemitleidung, aber auch: Status zeigen beim Erwerb von Luxusware, Aufpolieren des eigenen Egos, Dampfablassen u.a.m.)
- Was ist er bereit und fähig, zu bezahlen?
- Wie hoch ist sein subjektiver Leidensdruck – die Haupttriebfeder?

Danach richtet sich Ihre Reaktion:
- Eine pragmatische Lösung suchen, mit einem Kosten-Nutzen-Optimum für den Kunden (und für Sie),

- den Luxuskunden so „pampern" und umgarnen, dass sein Ego befriedigt wird und er sich seinen Ego-Verstärker mit einem rundum guten Gefühl kauft,
- den Ängstlichen durch sachlich fundierte Information und durch Signale des Vertrauens Sicherheit geben,
- einem „Abstauber", „Schnorrer" oder „Probenjäger" einerseits Grenzen aufzeigen, aber ihn nicht verprellen,
- den „Smart-Shopper", der immer auf der Suche nach dem besten Angebot ist, an seiner Eitelkeit packen und ihm gezielt günstige Angebote unterbreiten, die er kaum ablehnen kann, weil sie so gestrickt sind, dass sie nicht so leicht durchschaubar sind (z. B. Sets, Produktkombinationen, Kombination mit Anreizsystemen). Notbehelf bei Zeitmangel: Gleich der Griff zur Discountware.

Der höchste Erfolgswahrscheinlichkeit erzielen Sie, wenn Sie sich auf die jeweiligen Menschentypen flexibel einstellen können. Fehlschläge bleiben da zwangsläufig nicht aus. Dennoch ist dies der bessere Weg – verlangt aber vom Verkäufer entschieden mehr als bloße Verkaufstechniken, die man in der Tat lernen und antrainieren kann. Doch das reine Beherrschen der Masche A, B und vielleicht noch C ist in aller Regel nur zweite Wahl.

2.4.6 Preis und Psychologie

Ist ein Produkt in der engsten Wahl, kommt irgendwann der Preis ins Spiel. Sofern es sich nicht bereits um das günstigste Discountangebot handelt, haben Sie mit folgenden Hinweisen die besten Erfolgschancen:

- Reden Sie nicht so sehr vom Preis; kommunizieren Sie den möglichst konkreten, erlebbaren Nutzen, der durch Studien, Ihre eigene Erfahrung oder die Erfahrungen von Kunden belegt ist: „Hiermit erreichen Sie eine zuverlässige Schmerzlinderung". „Ihre Haut erhält alle erforderlichen Nährstoffe". „Bei konsequenter Einnahme sinkt das Risiko für ... ganz erheblich (um ... Prozent)".

- Statt eines Packungspreises von z. B. 49,90 € - ein recht großer Brocken für etliche Kunden - klingen 1 € pro Tag und eine Reichweite von 7 Wochen viel verbindlicher und überschaubarer. Also: Tagestherapiekosten und Reichweiten bereithalten, bzw. die Mitarbeiter anleiten, damit diese das schnell herunterrechnen können!

- Stellen Sie den Preis und insbesondere die o.a. Tagestherapiekosten in den täglichen Vergleich: Was gibt man durchschnittlich für Lebensmittel aus, für Benzin, die Monatskarte usw. Aber Achtung: Nennen Sie nicht die Dinge, die viel Spaß machen, und bei denen womöglich Einschränkungen schmerzlich wären, wie Reisen, Hobbys usw. Die Rechnung „Präparat X gegen meine Reitstunde" geht oft nicht auf, dagegen „1 € pro Tag angesichts von über 10 € Ausgaben für den üblichen, unverzichtbaren Haushaltsbedarf" schon viel eher ...

- Versuchen Sie, auf eine Prioritätensetzung hin zu steuern (allerdings ohne „Hochdruck" aufzubauen, das zeichnet schlechte Verkäufer aus): „Wenn Sie nicht dies nehmen, was können Sie sich als Alternative vorstellen? (bzw.: Was machen wir denn dann?) Oder wollen Sie alles so lassen wie es ist?" Je nach Leidensdruck wird manch einer bereit sein, seine Prioritäten etwas anders zu setzen, ohne freilich auf geliebte Dinge verzichten zu wollen.

▪ Seien Sie fair und immer am Wohl des Kunden orientiert (→ Bedürfniserkennung). Wenn Sie merken, dass der Preis eine große Rolle spielt, und Sie verkaufen trotzdem die teuerste Marke, obgleich es wirklich vergleichbare, wesentlich günstigere Alternativprodukte gibt, dann haben Sie den Kunden womöglich das letzte Mal gesehen. Spätestens dann, wenn er aus Zufall oder in einer anderen Apotheke davon erfährt.

2.4.7 Zusatzverkäufe: Lust oder Last?

Mit obigen Erkenntnissen lässt sich auch das Thema Zusatzverkäufe und Cross-Selling sachlicher und zielgerichteter diskutieren.
Zuerst einmal die Fakten an einem Beispiel:
Eine Apotheke habe 300 Kunden am Tag. Das entspricht üblicherweise einem Umsatz um 2,5 Mio. € und einem Rohgewinn von 650 000 € bis 700 000 € p.a. Der Barumsatz soll forciert werden. Die Zielmarke soll ein Zusatzverkauf bei jedem 10. Kunden sein, sprich 30 neue Barverkäufe täglich (dieses Ziel ist ambitionierter, als es vielleicht scheinen mag. Das gilt besonders, wenn die Apotheke bereits heute nicht völlig verschlafen ist).
Ein Zusatz-Barverkauf sei mit 7,50 € netto angenommen, der durchschnittliche OTC-Packungswert. Mit 42,5 % Spanne sind das etwa 3,20 € Rohgewinn. Mal 30 Kunden täglich mal 290 Tage im Jahr macht ca. 28 000 € Rohgewinn (= etwa 4 % des Gesamtrohgewinns) aus 8 700 Verkäufen. Immerhin – aber gesund werden Sie dadurch offenkundig nicht!
Wenn jeder Zusatzverkauf nur insgesamt 3 Minuten dauert (HV-Betrieb plus sonstige Handlingkosten der Packungen), unter Annahme von 20 € effektivem Stundensatz, dann sind bereits fast

9 000 € alleine durch Personalkosten wieder aufgebraucht. Die realen Zeiten liegen oft höher.

Das entzaubert das vielgepriesene Thema trotz ganz guter Randannahmen. Nebenbei: Ein Rezept bringt in der Regel gut 10 € bis über 12 € Rohgewinn.
Das bedeutet: Flexibilität ist Trumpf!

Wer mit hoher Auslastung arbeitet, wird sich darauf konzentrieren, seine Kunden professionell, freundlich, kompetent, aber eben auch flott durchzuschleusen. An Möglichkeiten der Automatisierung ist in diesen Fällen zu denken (Kommissionierer!).
Wer Auslastungsdefizite aufweist (das sind allerdings die meisten Apotheken), für den lohnt sich der konzentrierte Zusatzverkauf in jedem Fall! Andernfalls würden die HV-Mitarbeiter etwas andere (mutmaßlich nichts Umsatzwirksames) tun, oder im Leerlauf verharren.
Oft findet sich beides. In Stoßzeiten sollte die Flexibilität so groß sein, dass auch mal der „Schnellgang" eingelegt wird. Nicht alle Menschen beherrschen dies, arbeiten vielmehr ihren "Stiefel", selbst wenn die Kunden bis auf die Straße anstehen. Das nervt die Kunden ungemein. Denken Sie an die Post oder den Fahrkartenschalter. Jemand möchte von Stuttgart nach Frankfurt. Die Schlange ist lang. Der Schalterbedienstete fragt nach allen möglichen Details. Er weist wortreich darauf hin, dass es auch möglich wäre, 3,50 € zu sparen, wenn Sie erst morgen fahren würden, es zudem noch das Wochenendticket gibt usw. Sie stehen aber an Position 4. Was denken Sie?

So sollte es Ihren Kunden in der Apotheke eben nicht gehen. Reservepersonal für alle Stoßzeiten-Situationen können Sie sich aber auch nicht mehr leisten.

Und nun das Wichtigste: **Was hat der Kunde vom Zusatzverkauf?** Bitte machen Sie nicht den Fehler, in erster Linie das zusätzliche Geld zu sehen. Ja, es mag mit guter Verkaufsschulung gelingen, selbst schwierigen Kunden etwas aufzudrücken. Möglicherweise sehen sie manchen Kunden dann eben nicht wieder, was Sie in der Praxis gar nicht so leicht merken ...

Der Zusatzverkauf soll in erster Linie einen wirklichen Zusatznutzen bedeuten. Ihr Kunde muss einfach mit einem guten Gefühl die Apotheke verlassen und einen echten Vorteil verspüren, sich gut behandelt und nicht „ausgenommen" fühlen. Dann haben Sie Zusatznutzen gestiftet und dem Kunden bestmöglich gedient – und so Ihr Geld verdient. Im Wort „verdienen" steckt eben auch „dienen" ...

2.4.8 Sind Sie ein „Trendscout"?

Sie erinnern sich alle an die vielen Stars und Sternchen am Präparate-Himmel: Knoblauch, Vitamin E, Carotinoide, Immunstimulanzien (Echinacea), Q10, Rotweinextrakte, Zimt, Selen ...

Resveratrol (Anti-Aging) könnte, um ein aktuelles Beispiel zu nennen, demnächst einen Siegeszug antreten, dergleichen feinstverteiltes, elementares Silber in verschiedenen antientzündlichen und antiinfektiven Externa, und bei den Aminosäuren gibt es ebenfalls interessante Kandidaten. Aber wie lange hält dann die Nachfrage an? In welcher Höhe bewegen sich die wirklich bedarfsgerechten, nachhaltigen Umsätze?

Kaum jemand weiß, wo diese neuen Sicht- und Freiwahl-Moden herkommen. Sie tauchen plötzlich auf, werden intensiv beworben, schießen in die Höhe – und verschwinden meist rasch wieder in der Versenkung. Bestenfalls bleibt ein halbwegs passabler, nachhaltiger Restumsatz, der aber in aller Regel keine Top-Platzierungen mehr rechtfertigt.

Gemein ist diesen Produkten allzu oft, dass sie niemand wirklich braucht und ihre Wirkung begrenzt bleibt. Natürlich gibt es positive Ausnahmen, wirkliche Innovationen. Wenn aber der Kunde letztlich nichts spürt, bleibt es bei ein oder zwei Testpackungen. Nachhaltige Umsätze lassen sich so nicht generieren.

Gleichwohl spülen diese Wellen jedoch einige Zusatzumsätze in die Kasse. Solange die Präparate nicht zu exotisch und die Preise nicht zu abgehoben sind, lässt sich das durchaus ethisch vertreten. Doch wie das so ist mit Wellen: Beim Wellensurfen kommt es darauf an, den richtigen Absprung zu finden.

Gerade bei Modeprodukten muss daher die Absatzentwicklung engmaschig verfolgt, das Bestellverhalten schnell angepasst werden.

Tipps für die Praxis:

■ Verfolgen Sie die Werbeaktivitäten, die Produktneuheiten, aktuelle Wirkstoffe (Innovationswert?) und Indikationen möglichst genau. Geht dies Hand in Hand mit seriösen Publikationen in der Fachpresse? Eine große Quelle der „Innovationen" ist im Übrigen der Switch von Rx nach OTC bei einer Freistellung von der Verschreibungspflicht – die Stunde starker Marken!

Angesichts von 2 000 bis 3 000 Neueinführungen im Jahr entpuppen sich die meisten Präparate zudem mehr oder weniger als Flops. Die Märkte zersplittern sich. Andererseits ist der Markt ungemein spannend, viele medizinische Fragen warten auf Antwort!

Können Sie hier selbst eingreifen, gar Trends mitgestalten?
Letzteres wird schwierig, dazu ist Ihre Reichweite zu gering. Allenfalls im Verbund (in Kooperationen oder Organisationen wie z. B. TORRE) lassen sich möglicherweise „Duftmarken" setzen. Die breite, öffentlichkeitswirksame Vermarktung setzt hingegen eine Professionalität in der Markenführung voraus, wie sie bestenfalls im Entstehen ist.
Sie sind also mehrheitlich darauf angewiesen, was Ihnen selbst angeboten wird. Ob dies jedoch Luftballons sind oder wirkliche Innovationen, sollten Sie selbst testen:

- Intensives Studium der Werbeaussagen, Hinterfragen der Studien,
- eigene Anwendertests durchführen, bei sich selbst, Verwandten und Mitarbeitern,
- eigene Anwendungsbeobachtungen bei ausgewählten Kunden durchführen („AWB"), Kundenerfahrungen gezielt abfragen und auswerten.

In einigen Fällen sollte es so gelingen, wirkliche Innovationen mit einem belegbaren Mehrwert zu identifizieren. Diese können ihren Platz auf der Empfehlungsliste finden und zur Stammkundengewinnung und -bindung beitragen. Gute Empfehlungen sind dafür nämlich die unverzichtbare Basis.

3 CATEGORY MANAGEMENT

Darum geht es in diesem Kapitel:
- √ Wo kommt was hin?
- √ Wie funktioniert Erfolgscontrolling?
- √ ABC-Analyse richtig nutzen

Dem berühmt-berüchtigten „Denglisch" entlehnt, bedeutet Category management letztlich nichts weiter als eine ertrags- und absatzorientierte Warengruppen-Bewirtschaftung mit dem Ziel der Optimierung. Durch richtiges Gruppieren und Präsentieren von Waren sollen Absatzsteigerungen erzielt werden. Dabei geht der Trend weg vom bisherigen **„Push-Prinzip":** Waren werden von der Industrie angeboten, und aufgrund von Rabatten, eigenem „Bauchgefühl" und eigenem Gefallen fällt die Entscheidung, den Artikel ins Sortiment zu nehmen. Für den Kunden heißt das quasi: Nimm es oder lass es bleiben. An Letzterem kann aber auch dem Anbieter nicht gelegen sein.

Das **„Pull-Prinzip"** orientiert sich dagegen an den Bedürfnissen der Kunden. Was wird überhaupt warum nachgefragt? Welche Probleme schreien nach Lösungen? Welche Indikationen stehen ganz oben? Was erwartet der Kunde hierfür? Welche typischen Verhaltensweisen legt der Kunde an den Tag?

Die Praxis zeigt, dass Absatzsteigerungen durch Category management tatsächlich in hohem Maße möglich sind.

Category management (kurz CM) hat mehrere Facetten:

- Die Zusammenstellung von „Warenkörben" und zusammenhängenden Produktgruppen,
- die richtige Platzierung,
- ein begleitendes Controlling.

Das benötigen Sie unbedingt für ein sinnvolles CM:

- Präzise **Abverkaufsdaten** aller infrage kommenden Präparate: Umsatz, Stückertrag, Warenumschlag je Monat mit Saisoneffekten, (ggf. mitarbeiterspezifisch aufgeschlüsselt, manche Mittel verkaufen sich fast nur auf aktive Empfehlung und dann womöglich bei Mitarbeiter A sehr gut und bei B gar nicht),
- Zuordnung zu **Platzierungsdaten:** Wo steht was? Welche Regalmeterumsätze und -erträge werden an welchen Stellen erwirtschaftet?

Sinnvoll sind weiterhin:

- Möglichkeit zur **Korbanalyse:** Wie setzen sich die Barkörbe zusammen (Kundenkarten nicht vergessen)? Zu welchen Rezepten von welchen Ärzten wird was bevorzugt zusätzlich verkauft? Was kauft derjenige, der einen der Top 20-Schnelldreher erwirbt, gerne noch ein?
- Wie sieht Ihre **Kundenstruktur** aus? Das sind soziografische Daten, Kaufkraft, individuelle Probleme, Häufungen von Indikationen, die auch vom Ärzteumfeld bestimmt werden, u.a.
- Weitere übergeordnete „Paneldaten" sind Käuferreichweite (wie viele Prozent der Zielgruppe werden im jeweiligen Vertriebskanal prinzipiell erreicht?), Werbeaufwand und damit erzielte Zielgruppenkontakte, Bedarfsdeckungsquote (Beispiel: Wie viel Prozent

von Schnupfenpatienten nutzen (a) überhaupt ein Schnupfenmittel und (b) eine bestimmte Marke?) und die durchschnittlich erreichte Wiederkaufrate (Beispiel: Wie viel Prozent der Ginkgo- oder Johanniskraut-Käufer bleiben „dabei" und kaufen Folgepackungen, hier sicher therapeutisch sehr sinnvoll?). Diese Daten werden teilweise von der Industrie erhoben, teilweise können Sie selbst einen Erfahrungsschatz aufbauen (Wiederkaufrate!).

Wie schon an anderer Stelle gezeigt, sind aussagekräftige Rahmendaten essenziell für eine zielgruppenorientierte Präparateauswahl und in der Folge auch rationales CM.

3.1 Warengruppen

Sie alle kennen die „Klassiker" der Warengruppierung nach Indikationen oder Körperteilen (das geht bei den Einrichtern oft ein wenig durcheinander, „Nase" ist ja keine Indikation an sich). Hier kommen Erkältungspräparate, Magen-Darm-Mittel, Augenpräparate usw. in jeweils eine Gruppe oder „Abteilung", gekennzeichnet oft durch eine schlichte Überschrift.

Hinterleuchtete Bilder sind hier bisweilen aussagestärker – sofern hierfür entsprechender Raum vorhanden ist. Doch aufgepasst: Eine Bilderflut „versandet" schnell, der Aussagewert und die Orientierungsfunktion nehmen wieder ab! Somit können dosiert eingestreute Bilder oft eher eine Funktion als „Eye-Catcher" und atmosphärisches Element haben.

Piktogramme verfehlen ebenfalls oft ihre Wirkung, zu schwach ist ihr Erkennungs- und Deutungswert.

Nach welchen Kriterien sollten die einzelnen Warengruppen ausgewählt werden?

- Vorrangig ist die Bedeutung der Warengruppe vor allem nach **Stückzahl, Ertragsstärke** und **Lagerumschlag.**
- Die **Zielgruppe** sollte groß genug sein. Fragen Sie also, wie viele Menschen überhaupt angesprochen werden, oder ob es sich um ein Randgebiet handelt.
- **Attraktiver Produktmix,** gerne mit ansprechendem Äußeren. Sie müssen einfach gute Lösungen anzubieten haben!
- Im Produktmix sollte mindestens ein bekannter, werblich vorverkaufter **Markenführer** enthalten sein.
- Eignung der Indikation für kontextbezogene, **auffällige Dekorationen,** Aktionen usw. („Schamindikationen" sind hier z. B. problematisch).
- Einige Warengruppen können „experimentell" oder zeitlich variabel ausgestaltet werden: Neben den klassischen Saisongruppen (z. B. Allergie, Sonnenschutz, Insektenschutz) können das „innovative" Gruppen zum Ausprobieren neuer Wege sein, wie Aromatherapie, besondere Geräte, Naturecke usw. Hier ist ein permanentes Absatzcontrolling besonders wichtig!
- Vermeiden Sie ein allzu statisches Festhalten an einmal gewählten Gruppen. Lockern Sie das durch neue, thematisch strukturierte Angebote auf!

3.2 Präsentationstechniken

Welche Indikationen mit wie vielen, verschiedenen Marken und Packungsgrößen in welcher Tiefe (= Anzahl Packungen eines Ar-

Tipps für die Praxis:

■ Bieten Sie nur das „an vorderster Front" an,

a) wovon Sie selbst zumindest einigermaßen überzeugt sind und

b) zu dem Sie etwas Kompetentes sagen können, falls Kunden Näheres wissen möchten. Alles andere wirkt unglaubwürdig.

tikels) präsentiert werden sollen, darüber gehen die Ansichten auseinander.

Unzweifelhaft richtig ist: Was der Kunde sieht, kauft er impulshaft eher bzw. öfter. Die aktive Nachfrage nach einem bestimmten Produkt setzt hingegen einen recht festen Kaufwunsch und eben Produktkenntnis voraus. Die Inanspruchnahme einer im Grunde unverbindlichen Beratung ist in den Augen vieler Kunden so unverbindlich nicht, verlangt aktive Kommunikation und das Überwinden von Hemmschwellen. So verwundert die umsatzsteigernde Wirkung zusätzlicher Regalmeter in Frei- und Sichtwahl nicht.

Rein statistisch könnten Sie nun sagen, je mehr verschiedene Produkte Sie platzieren, umso besser. Denn jedes Produkt sollte durch den Weg hinaus aus dem Generalalphabet in die Sichtweite des Kunden profitieren. Im Extremfall würde dies bedeuten, jeweils nur eine einzige Packung jeder Sorte auszustellen – die maximale Produktbreite! Eine sehr bekannte, flächendeckend vertretene Drogeriemarktkette nutzt übrigens dieses Prinzip „Breite vor Tiefe". Auf eher bescheidener Fläche wird eine recht große Artikelvielfalt in oft erstaunlich geringer Tiefe geboten – das Prinzip eines preiswerten Grundversorgers.

Auf dem Land haben Apotheken bisweilen ebenfalls noch eine solche Grundversorgerfunktion mit Produkten aller Art. Hier kann zumindest in Teilen eine solche Präsentationsweise gerechtfertigt sein. Besonders attraktiv ist sie aber nicht, und je größer die Wettbewerbsintensität, umso eher zählt eben die Optik und die Präsentationspsychologie. Deshalb im Folgenden einige Leitsätze.

Leitsatz 1: Masse zieht an!

Eher wenige Produkte, dafür in Massen präsentiert, in mehreren Reihen hinter-, neben- und neuerdings auch untereinander in verschiedenen „Etagen", haben einen hohen Aufmerksamkeitswert und unterstreichen die Bedeutung des Präparates („Blockbildung") und heben die Marktführerschaft hervor.

Tipps für die Praxis:

■ Zu den optischen „Vergrößerern" zählen die Verspiegelung der Hinterwand, eine übergroße Indikatorpackung (vom Hersteller zu erhalten) oder Hintergrundbilder, die das Präparat vergrößert zeigen. Manchmal wird sogar mit Bildern anstelle echter Packungen gearbeitet (mit sehr unterschiedlicher Wirkung, Bildreihen wirken oft sehr flach, die differenzierte Raumwahrnehmung fehlt).
Leere „Dummy-Packungen" dienen als preiswerte Füller, aber es mangelt bisweilen an Standfestigkeit (ggf. ankleben!). Was am besten wirkt und zur Lokalität und zum Gesamtkonzept passt, kann nur im Einzelfall entschieden werden.

Leitsatz 2: Top-Produkte an Top-Plätze!

Dies kann uneingeschränkt empfohlen werden. Die besten Sicht- und Freiwahlplätze sollten den bekanntesten und umsatzstarken Marken mit einem hohen Wiedererkennungswert vorbehalten werden, die sich zudem noch an breite Käuferkreise richten. Letztlich möchten Sie mit Ihrer Präsentation Impulskäufe auslösen (ach, wo ich das gerade da stehen sehe, geben Sie mir doch noch eben mal ...). Das setzt Bekanntheit und Vertrauen voraus. Impulskäufe werden zudem durch ein interessantes, auch auf größere Entfernung ins Auge stechendes Packungsdesign und griffige Aussagen ausgelöst. Somit können durchaus „Besonderheiten" und Novitäten, so sie eine genügend große Zielgruppe ansprechen, vereinzelt an Top-Positionen gesetzt werden. Vermeiden Sie es jedoch, ihre besten Plätze mit allen möglichen 1B- und Ramschprodukten zu blockieren, in der Hoffnung, diese verkaufen sich dann besser! Das mag wohl sein, doch ein Top-Produkt hätte sich dort eben noch viel besser verkauft ...

Leitsatz 3: Weniger ist mehr!

Sie alle kennen die typischen Reihungen endloser Packungsschlangen, eine akkurat neben der anderen, eine Marke grenzt an die nächste. Aufgelockert wird dies allenfalls durch verschiedene Packungsgrößen, die dann gerne wie die Orgelpfeifen aufgereiht werden.

Es müssen und sollten jedoch nicht alle Packungsgrößen präsentiert werden (um Laufwege zu sparen, können weniger gängige Größen im Übervorratsschrank unter den Regalen gelagert werden, und bisweilen können sie je nach Regaltiefe auch einfach hinter den bevorzugten Größen „versteckt" werden. Wer einen Kommissionierautomaten hat, kann es sich hier bei der Beschränkung auf das Wesentliche viel leichter machen). Sie binden andernfalls einfach zu viele Regalmeter an ein Produkt, und das Bild wird oft unruhig.

Lassen Sie Abstände zwischen Produkten für unterschiedliche Indikationen! Besondere Angebote sollten auch besonders separiert werden.

Je teurer und wertvoller ein Produkt, je auffälliger sein Erscheinungsbild, umso mehr gebührt ihm das Herausheben aus der Masse (vgl. dazu die Präsentationstechniken hochwertiger Juweliergeschäfte).

Eine immer wieder gestellte Frage ist, ob mehrere verschiedene Marken für eine einzelne Indikation präsentiert werden sollen, und ob dabei nur teurere, bekannte Marktführer sinnvoll sind, oder auch Generika und Billigmarken.

Die Frage kann nur standortspezifisch in Verbindung mit dem vorherrschenden Kaufmotiv und Kaufimpuls beantwortet werden. Zudem sorgen die Hersteller selbst dafür, dass eine Indikation kunstvoll aufgeweitet wird – z. B. Schmerz, heute mit Produkten gegen Schmerzen allgemein, bei Migräne, bei Erkältung, bei Zahnschmerzen, bei Frauenbeschwerden, für Kinder ... und das oft unter einem Markendach. Eine einzige Marke füllt nicht selten mehrere Regalmeter. Doch kommt diese Marke Ihren Kunden entgegen? Oder dominieren faktisch andere Produkte? Lösen auch generische Marken eine hohe Zahl von Impulskäufen aus, oder sind dies die etablierten Marken? Die lokale Kenntnis der Produkte und die Nachfrage ist also der entscheidende Schlüssel!

Das ist jeweils von Ort zu Ort verschieden – und nach den örtlichen Gegebenheiten (Kaufkraft!) sollte die Bestückung nach bevorzugten Marken und der Zahl an Alternativen erfolgen, indem Sie die vorherrschenden Impulskäufe (nicht die Beratungsverkäufe) zur Entscheidungsgrundlage nehmen.

Achten Sie jedoch auf ein der Wertigkeit und Ertragsstärke angemessenes Verhältnis. Erdrücken Sie also Markenprodukte nicht durch eine Vielzahl daneben stehender Billigprodukte!

Leitsatz 4: Licht lockt Leute!

Ein Satz, der immer Gültigkeit behalten wird! Dabei zählt nicht die Helligkeit alleine. Insbesondere das Spiel mit gezielter Ausleuchtung bestimmter Segmente und Bereiche, mit Kontrasten, Schatten, Farben schafft Atmosphäre. Besondere Angebote lassen sich vorteilhaft durch Spotlicht hervorheben.

Hier kann nur der Rat gegeben werden: Lassen Sie sich von originellen und erfolgreichen Shops aus anderen Branchen inspirieren! Achten Sie darauf, was Ihnen spontan gefällt und Sie in den Laden führt. Schauen Sie genauer hin, wie das technisch realisiert wurde, und scheuen Sie sich nicht, einfach zu Details nachzufragen!

Leitsatz 5: Die Rationalität der Abläufe beachten!

Hier sind in erster Linie Laufwege gemeint – aus der Sicht der Kunden und der Mitarbeiter!

In größeren Apotheken macht es durchaus Sinn, die Top-Sichtwahlprodukte mehrfach auszustellen (z. B. ein Arrangement je zwei Kassenplätze). Das hängt von den individuellen Gegebenheiten ab.

Wer eine größere Produktbreite (also mehr Artikelpositionen) in der Sichtwahl vorhält, spart u. U. beträchtliche „Rennzeiten", gerade in innerstädtischen Lauflagen oder in Centern mit hoher Auslastung ein Argument. Denn letztlich zählt gerade hier der Kundendurchsatz je Zeiteinheit und nicht unbedingt die allerletzte Feinheit einer „Luxus-Präsentation". Da mag es, je nach Kundenstruktur, sogar sinnvoll sein, Leitsatz 3 („weniger ist mehr") etwas großzügig zu interpretieren.

Mit Kommissioniersystemen erübrigen sich hingegen viele dieser Fragen aus Kosten- und Mitarbeitersicht – nicht aber aus Kundensicht!

Leitsatz 6: In Wirkungs- und Problemlösungsketten denken sowie Assoziationen wirken lassen!

Das ist die hohe Schule des Category managements!

Wenn es Ihnen gelingt, zuverlässige Daten zum Verbund-Kaufverhalten zu erhalten (wer A kauft, kauft auch mit x-prozentiger Wahrscheinlichkeit B), dann haben Sie einen wesentlichen Schritt in Richtung höherer Barkorbumsätze getan! Firmen wie Amazon (www.amazon.de) nutzen dies sogar im Internet aus! Suchen Sie sich dort ein Buch aus, so sehen Sie, welche Artikel die bisherigen Käufer dieses Buches noch bevorzugt gekauft haben ...

So geht's:

- Wählen Sie die Top-Verkaufsprodukte (nach Stückzahl, „Schnelldreher") aus Ihrer Frei- und Sichtwahl aus. Hier besteht das aussichtsreichste Potenzial.
- Analysieren Sie die Einkaufsbons („Aufträge") mit diesen Top-Artikeln im Warenwirtschaftssystem. Welche Häufungen bestimmter Produkte (oder Produktgruppen, Zusatzindikationen) lassen sich feststellen?

- Machen diese Zusatzkäufe Sinn? In welchem logischen Zusammenhang, in welcher Wirkungskette stehen sie mit dem Ursprungsprodukt? Gibt es sonstige Assoziationen?
- Überlegen Sie selbst: Welche ergänzenden Produkte machen für die Top-Seller noch Sinn?

Die Tabelle zeigt, wie ein Ergebnis einer Analyse der Verbundkauf-Wahrscheinlichkeiten aussehen kann.

Danach bewirkt ein Verkauf des Top-Sellers A in 45 % der Fälle einen weiteren Zusatzkauf von Produkt Z1. Diese sollten also in räumlicher Nähe positioniert werden, um diesen Effekt zu stärken. Das Gleiche gilt für die Paarungen B mit Z2 und Z3. C sorgt für relativ wenige Verbundkäufe; ist C selbst noch obendrein ertragsschwach, so sollte grundsätzlich darüber nachgedacht werden, ob C den guten Platz in der Sicht- oder Freiwahl noch „verdient".

Nach einer solchen Analyse und einem Brainstorming in puncto Wirkungsketten und ergänzende Produkte sollte es möglich sein, um die bisherigen Artikel „passende", neue Zusatzangebote zu gruppieren, mit dem Ziel, dass A den Absatz von B verbessert („Lift-Effekt"). Baumärkte haben dies seit einiger Zeit entdeckt.

Das Top-„Anker-Präparat" → ... bewirkt den Zusatzkauf von ... in % der Käufe	A	B	C
Z1	45 %	15 %	< 5 %
Z2	20 %	60 %	< 5 %
Z3	15 %	30 %	15 %
Z4	10 %	< 5 %	20 %
Z5	< 5 %	< 5 %	10 %

Kaufen Sie dort z. B. eine Deckenlampe, sind passende Schrauben und Montagematerial gleich daneben postiert (früher mussten Sie erst in die Schraubenabteilung gehen). Auch etliche Lebensmittler haben entsprechende Ansätze, mit dem Ergebnis, dass ein und dasselbe Produkt mehrfach im Laden angeboten wird ...

Und hier noch einige Praxisbeispiele für ein solches Denken in Problemlösungsbereichen und Wirkungsketten:
Geräte → passende Batterien, Aufbewahrungstaschen, Auswerte-blätter, ggf. auch Auswerteprogramme und Literatur zum Thema.
Kosmetika → Hilfsmittel wie Pads und dgl. zum Auftragen, Rei-nigungs- und Desinfektionsprodukte, Vitamine und Nahrungser-gänzung („Schönheit von innen"), Informationen über weiterge-hende Möglichkeiten (z. B. Ernährungsberatung, Darmsanierung, Probiotika, Ballaststoffe etc. als interessante Option bei langwie-riger Problemhaut).
Erkältung → logisch in zeitliche Abfolge der Symptome gruppie-ren: Prävention / Immunstimulation → Hals → Nase → Husten → Rekonvaleszenz (z. B. Probiotika bei Antibiotikatherapie), da-neben Fieberthermometer, Taschentücher, Mundschutz / Schutz-masken (Grippe!) gruppieren.

3.3 Platzierung und Rentabilität

Platzierung und Warenpräsentation bedeutet letzten Endes im-mer eine Optimierung des zur Verfügung stehenden Raumes. Die-ser ist der limitierende Faktor, und dies gilt ganz besonders für die wenigen Top-Flächen. Oder anders ausgedrückt: Wenn an Ihrem

Tipps für die Praxis:

■ Hersteller und Großhandlungen bieten verschiedenste „Regaloptimierungen" an. Bedenken Sie jedoch: Niemand tut etwas ohne Motiv! Und so versucht jeder, der selbst ein Sortiment zu verkaufen hat, seine Produkte glänzen zu lassen. Würden Sie auf jeden hören – so viele Regalmeter hat kein Laden! Entsprechend werden die Umstrukturierungen ausfallen. Gleichen Sie das jedoch immer mit Ihren Erfahrungen, Ihren persönlichen „Top-Sellern" ab!

■ Versuchen Sie vor allem, das Prinzip dieser Programme oder „Planogramme" zu begreifen: Auf welche Kennziffern hin wird optimiert? Welche Marktdaten liegen zugrunde, wie weit sind diese auf Ihre Apotheke übertragbar?

besten Platz das Produkt A steht, dann kann dort eben nicht B stehen. Das gilt für den zweit- oder drittbesten Platz genauso. Deshalb kommt es darauf an, diese wertvollen Flächen nicht mit ertragsschwachen Artikeln förmlich zu blockieren, sondern optimal auszunutzen.

Dabei ist der erzielbare Flächenertrag in Relation zum eingesetzten Kapital die entscheidende Kennziffer (Kapitalrentabilität bezogen auf die jeweilige Fläche bzw. den Regalmeter). Oder anders ausgedrückt: Die durchschnittliche Nutzenkennziffer, die je Regalmeter erzielt wird.

3.3.1 Was sind Top-Flächen?

Dies sind die typischen Top-Flächen in der Apotheke:

- Sie befinden sich in der Freiwahl in der typischen Griffhöhe (etwa 1,20 m bis 1,70 m), sind in der Tendenz zur rechten Seite orientiert („Rechtsdrall" der meisten Menschen) und weisen eine gute Ausleuchtung auf.
- In der Sichtwahl ist das etwa die Augenhöhe und auch noch etwas höher („Kino- oder Arena-Effekt") direkt vis á vis der Warte- bzw. Kassenzone.
- Daneben zählen hervorgehobene „Präsentationsinseln" und attraktive Gondeln in der Offizin zu den Top-Flächen, wobei diejenigen, die im Eingangsbereich und an den Laufwegen stehen, die höchste Aufmerksamkeit erhalten. Durch Überraschungseffekte, Sympathieträger und die Bestückung mit attraktiven, breitenwirksamen Produkten wird das Potenzial genutzt. Was dagegen erst beim Verlassen des Ladens ins Auge fällt, hat seine Chance meist vertan, denn in aller Regel kehrt der Kunde nicht mehr um und ist zudem mental bereits „draußen"!
- Weitere Top-Flächen sind die Griffzonen im direkten Umfeld des Wartebereiches an der Kasse.

Das bedeutet: Sie haben es zu einem guten Teil selbst in der Hand, etliche, vielleicht heute noch ungenutzte Flächen zu Top-Flächen umzugestalten!

Schwache Zonen sind traditionell die „Bückzonen" unterhalb etwa 0,75 m, zu hohe Bereiche („Reckzone", vor allem bei Älteren kritisch), viele Ecklagen sowie die Lagen, die nicht notwendigerweise passiert werden müssen. „Entrümpeln" Sie hier, margenstarke und attraktive Produkte haben hier nichts zu suchen! Stattdessen kann etwas aus dem Home-care-Bereich, Taschentücher, Binden etc., gerne auch größere, sperrige Packungen, die sonst viel zu viel „wertvollen" Platz beanspruchen, hier eingestellt werden.

Schwach sind weiterhin alle Bereiche, die im „Windschatten" des Kundenlaufs liegen und tote Winkel darstellen, sprich nicht im Laufweg oder gar im Rücken der Kunden liegen.

Durch optische Hervorhebung - z.B. farbiger Rahmen, gute Ausleuchtung in Form eines Spots, sonstige optische Effekte wie Blinklichter etc. (die aber schnell kitschig wirken!), „Eye-catcher" wie Plüschtiere, Figuren u.a.m. – lassen sich in Grenzen auch schlechtere „1B"-Zonen aufwerten. Licht bedeutet hier Leben, vor allem, wenn mit Kontrasten und unterschiedlich intensiver Ausleuchtung gearbeitet wird.

Bedenken Sie aber: Die Aufmerksamkeit des Kunden ist begrenzt, ebenso seine Zeit. Wenn Sie ihn in die Ecke B lotsen, werden die meisten Menschen A, C oder D nicht mehr beachten, wenn sie nicht gerade etwas ganz Spezielles suchen. Deshalb sollten nur die Produkte exponiert werden, die wirklich ein besonderes Angebot darstellen und breitenwirksam sind – also das Interesse von vergleichsweise vielen Kunden treffen könnten.

Tipps für die Praxis:

■ Welche Zonen ins Auge fallen und besonders wertvoll sind, erfahren Sie am besten, wenn Sie fremde Testpersonen Ihre Apotheke betreten lassen und sie befragen, welche Dinge ihnen ins Auge gefallen sind und ob sie einige Indikatorartikel oder sogar eigens für den Test aufgestellte Dinge wie Schildchen, Dekomaterial usw. überhaupt wahrgenommen haben. Die eigene Beurteilung krankt oft an der typischen „Betriebsblindheit".

3.3.2 Kennziffern und Erfolgscontrolling

Der Erfolg eines Category managements muss im Sinne eines permanenten Controllings laufend überprüft werden.
Die klassischen Kennziffern hierfür sind:

■ Regalmeterumsätze (Freiwahlbereich um 1.500 € bis 2.500 € je Meter, in City-Lagen bis über 4.000 €; die Sichtwahl meist noch erheblich mehr mit nicht selten > 5.000 € je Meter in hoch frequentierten Apotheken),

■ noch wichtiger: die entsprechenden Regalmetererträge, welche bei 25 % Freiwahlspanne zwangsläufig sehr deutlich hinter denen der Sichtwahl (37,5 % bis 45 % Spanne) zurückbleiben,

■ Nutzenkennziffer und Kapitalrentabilität der eingesetzten Ware.

Speziell im Sinne des Category managements sind aber eben nicht nur die einzelnen Präparate zu betrachten, sondern vielmehr die verschiedenen Indikationen oder zusammen präsentierten Warengruppen, sodass die Fragen lauten:

- Wie viel Umsatz und Rohertrag bringen die Sichtwahl und zudem die Gesamtsortimente für Erkältung, Magen-Darm, Haut usw., ggf. auf wie vielen Regalmetern?
- Wie groß ist der Anteil der Sicht- bzw. Freiwahl am Gesamtumsatz und -ertrag der jeweiligen Indikation?
- Passt dies zur Marktbedeutung der jeweiligen Indikation?
- Welche ist die stärkste Indikation nach Stückzahl, nach Umsatz, nach Ertrag, nach Kapitalrentabilität?
- Welche Gruppierung bzw. Indikation löst die meisten Zusatzverkäufe benachbarter Produkte aus („Support- und Lift-Faktoren")?
- Wenn eine ABC-Analyse aller Frei- und Sichtwahlgruppen nach den Kriterien Kapitalrentabilität und Ertrag gemacht wird: Wer sind die Top 3, was die Top 10-Sortimente (siehe unten)?
- Welche Produkte „passen" zu diesen Top-Sellern, die heute im Generalalphabet noch ein Mauerblümchen-Dasein fristen?

Tipps für die Praxis:

■ Konzentrieren Sie sich zuerst auf die Top 10- oder allenfalls Top-20-Gruppen; hier ist die Erfolgswahrscheinlichkeit am höchsten. Den Rest nehmen Sie sich dann später vor.

3.3.3 Erfolgscontrolling: ein Beispiel

Betrachten Sie einmal die untenstehende Abbildung 3.1. Hier ist die Kapitalrentabilität (als jährliche Nutzenkennziffer NKZ) und

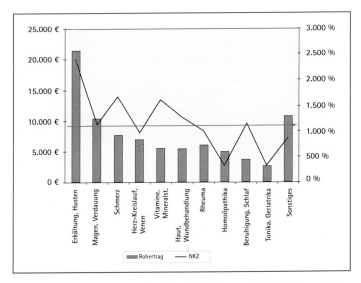

Abb. 3.1: Sortiments-Controlling (Beispiel): Rohertrag (linke Skala) sowie Kapitalrentabilität (Nutzenkennziffer NKZ, rechte Skala) der einzelnen Sortimente auf Jahresbasis. Die graue Linie bezeichnet die durchschnittliche NKZ über das gesamte OTC-Sortiment.

gleichzeitig der jährliche Rohertrag für die wichtigsten Indikationen einer typischen Apotheke dargestellt.

Diskussion: Traditionell ist das Erkältungssortiment die „Cash cow" – hoher Ertrag und hohe Kapitalrentabilität. Magen-Darm ist ebenfalls recht ertragsstark, die Kapitalrentabilität hinkt ein wenig hinterher. Hier ist zu überlegen, den Lagerumschlag zu erhöhen (Lagerhaltung? Bestellmengen?), diese Indikation ist ein Kandidat für eine bessere Präsentation und weitere Maßnahmen zur Absatzförderung. Die Preispolitik ist ggf. zu überdenken. Schmerzmittel weisen im Beispiel sehr gute Kapitalrenditen auf, das absolute Ertragsniveau könnte jedoch vielleicht gesteigert werden durch Mittel mit einem höheren Stücknutzen. Vitamine und Mineralstoffe kranken am niedrigen Packungswert und geringen Stücknutzen: Hohe NKZ, aber nur unterproportionaler Ertrag! Hier ist über eine Neuaufstellung des Sortiments nachzudenken, mit Zielrichtung auf höherwertige Produkte. Homöopathika fallen in der Nutzenkennziffer ab: Grund ist die enorme Produktvielfalt, der Lagerumschlag ist niedrig. Dies ist traditionell ein Fall für Spezialisten! Tonika und Geriatrika stehen schwach da; sie sollten keine Top-Plätze mehr „blockieren", es dürfte sich um B-Produkte handeln. Wenn kein adäquates Marktpotenzial vor Ort besteht, sind sie „auszulisten" bzw. zurückzustufen. Der gesamte Rest („Sonstiges") weist unterdurchschnittliche Nutzenkennziffern auf, bringt aber durchaus Ertrag. Hier ist zu fragen, welche „Schätze" durch eine bessere Präsentation, Empfehlung oder sonstige Absatzförderung zu heben sind – ohne aber die bisherigen Top-Seller zu beschädigen!

In die Nutzenkennziffer geht der durchschnittliche Lagerbestand (Lagerumschlag!) mit ein, sodass die Lagertiefe immer ein Punkt bei der Optmierung sein sollte!

3.4 Top-Seller- und ABC-Analyse

Mit welchen Artikeln werden die höchsten Umsätze generiert, welche schlagen sich am häufigsten um? Eine ABC-Analyse gibt hierüber Aufschluss - durch Kategorisierung der Artikel in drei Gruppen A, B und C.

A-Artikel sind die "Top-Seller", B-Artikel liegen im guten Mittelfeld, C-Artikel sind die "Luschen". Die Bildung der Kategorien kann nach verschiedenen Kriterien erfolgen:

- nach Umsatz
- nach Rohgewinn oder Deckungsbeiträgen
- nach Lagerdrehzahl
- nach einer Kombination aus obigen Kriterien, z. B. in Form der bekannten Nutzenkennziffer.

Besonders wichtig ist eine solche Analyse für die Bestückung der Sichtwahl (hier sollten durchgängig nur A-Artikel, allenfalls wenige B-Artikel stehen) und für die guten, im optimalen Sicht- und Griffbereich liegenden Freiwahlflächen.

So können Sie eine einfache ABC-Analyse durchführen:
- Wählen Sie das entsprechende Selektionskriterium, z. B. den Rohgewinn aller umgesetzten Packungen der jeweiligen Produkte im betrachteten Zeitraum.
- Sortieren Sie die Artikel absteigend nach diesem Kriterium.
- Errechnen Sie den einzelnen prozentualen Anteil an der Summe z. B. der Rohgewinne der betrachteten Artikel.
- Bilden Sie die kumulative Summe bezüglich des Selektionskriteriums.
- Legen Sie Grenzen fest: Die Artikel, die z. B. die ersten 75 % des aufsummierten Gesamtrohertrages erbringen, sind die A-Artikel, diejenigen, welche die folgenden 15 % bringen, sind die B-Artikel, den Rest stellen die C-Artikel.
- Ziehen Sie entsprechende Konsequenzen z. B. für die Bestü-

ckung der Sichtwahl. Hierzu wieder eine Beispieltabelle, die das Prinzip zeigt.

Artikel	Rohgewinn	% Anteil	% kumulativ	Klasse
Grippe-Ex	7.600,00	17,31	17,31	A
Grippostop	7.200,00	16,40	33,71	A
Hustefix	6.500,00	14,81	48,52	A
Magenfroh	5.700,00	12,98	61,50	A
Allergostop	4.500,00	10,25	71,75	A
Halsfrei	3.000,00	6,83	78,59	B
Kognimax	2.300,00	5,24	83,83	B
Pickeltod	2.100,00	4,78	88,61	B
Ruhewohl	1.700,00	3,87	92,48	C
Sternemax	1.500,00	3,42	95,90	C
VitaMix	1.100,00	2,51	98,41	C
Kilobalance	700,00	1,59	100,00	C
Summen:	43.900,00	100,00		

Ergänzt werden sollte dies durch eine Vorher-Nachher-Betrachtung in Bezug auf die Platzierung: Was hat die Umplatzierung z. B. vom Generalalphabet in die Sichtwahl gebracht? Zielgröße ist hier in aller Regel der Rohgewinn in der jeweiligen Zeiteinheit (z. B. auf Monatsbasis p.M.), ggf. die Kapitalrentabilität.

Bedenken Sie aber auch die „andere" Richtung! Was vorher an einem Top-Platz stand und jetzt „zurückgestuft" wird, bedeutet im Gegenzug ja in aller Regel wieder Absatzverluste. Daher ist stets eine Gegenrechnung aufzumachen.

Ziel ist letztlich die Optimierung des Regalmeterertrages.

GA bedeutet in der Tabelle das Generalalphabet, SW die Sicht-wahl, abgestuft nach „Top-Platzierung" SW-1 und entsprechend schlechtere Stufen.

Präparat	Lagerort vorher	Ertrag p.M. vorher	Lagerort jetzt	Ertrag p.M. jetzt
Grippe-Ex	GA	300 €	SW-1	950 €
Grippostop	GA	250 €	SW-1	600 €
Hustefix	GA	220 €	SW-2	550 €
Magenfroh	GA	180 €	SW-2	450 €
Allergostop	GA	170 €	SW-3	400 €
Halsfrei	GA	150 €	SW-3	200 €
Summen A:	–	**1.270 €**	–	**3.150 €**
= +/-	–	–	–	+ 1.880 € (+ 148%)
Regalmeter:	–	–	2,00 m	1.575 € / m
Rückstufung SW –> GA:				
Kognimax	SW-1	600 €	GA	275 €
Pickeltod	SW-1	500 €	GA	350 €
Ruhewohl	SW-2	475 €	GA	300 €
Sternemax	SW-2	450 €	GA	325 €
VitaMix	SW-2	400 €	GA	150 €
Kilobalance	SW-3	300 €	GA	100 €
Summen B:		**2.725 €**		**1.500 €**
= +/-	–	–	–	- 1.225 € (- 45%)
Regalmeter:	2,00 m	1.363 € / m		–
Gesamt-Bilanz A – B:		**+ 212 € / m (+ 16%)**		**+ 655 € absolut**

4 FREIE PREISKALKULATION

Darum geht es in diesem Kapitel:

√ Preise nach verschiedenen Modellen Kalkulieren
√ Wirkung von Preisanpassung
√ Aktionen und Aktionscontrolling
√ OTC und Versandhandel

4.1 Vorbemerkungen

Waren bis Ende 2003 im Schnitt rund 95 % des Warensortiments preisgebunden, ist das seit Anfang 2004 anders. Mit dem Wegfall der Preisbindung für das gesamte OTC-Sortiment brachen neue Zeiten an.

Der Barverkauf, und hier insbesondere der Absatz apothekenpflichtiger Präparate, ist die letzte, frei verfügbare "Rendite-Bastion", die der Apotheke bleibt. Einer renditeorientierten und vernunftbetonten Preispolitik kommt daher eine nicht zu unterschätzende, bisweilen existenzielle Bedeutung zu. Eine durchschnittliche Apotheke erwirtschaftet im OTC-Markt inklusive Freiwahl rund 250.000 € bis 300.000 € Umsatz bei einem Rohgewinn von 100.000 € und mehr, was in etwa dem gesamten Betriebsgewinn entspricht. Das illustriert, bei aller Fremdbestimmtheit der Apotheke, die Bedeutung dieses Themas.

Glaubt man verschiedenen Untersuchungen (z. B. eine Befragung von 3 000 GKV-Versicherten, zu lesen im WIdO-Monitor 2006 des Wissenschaftlichen Instituts der Ortskrankenkassen, www.wido. de), so spielt der Preisvergleich in der Apotheke bei Selbstmedikationspräparaten für rund 75 % der Leute (noch?) keine Rolle. In anderen Vertriebskanälen sieht das ganz anders aus.

Das sollte jedoch nicht zu voreiligen Schlüssen verleiten. Zum einen ist hier gerade in jüngster Zeit viel im Fluss, zum anderen hängt die Preissensibilität maßgeblich davon ab, wie hoch der jeweilige Bedarf ist. Wer gelegentlich ein Erkältungsmittel kauft, wird dem Preisvergleich eine geringe Bedeutung zumessen. Wer jedoch Monat für Monat 50 € oder mehr für Wellness- und Selbstmedikationspräparate ausgibt (letztlich der Traum der Apotheke), dürfte sich über kurz oder lang mit dem Thema Preis beschäftigen, zumal ihm mehr und mehr Angebote frei Haus flattern. Deshalb sollten Sie sich mit den Grundlagen der Preisfindung unter betriebswirtschaftlichen Gesichtspunkten vertraut machen, auch wenn die Materie anfangs trocken erscheint.

4.2 Unverbindliche Preisempfehlung (UVP)

Häufig wird in der Praxis die UVP des Herstellers schlicht übernommen, die sich vielfach an der alten Arzneimittelpreisverordnung orientiert – aber nicht muss. Die unverbindliche Preisempfehlung ist ein nicht zu unterschätzendes Machtmittel der Industrie, ein Preisniveau vorzugeben und damit auch ein Stück weit über die Verteilung der Margen zu entscheiden.

Praktisch ist sie eine Art Schallmauer, die nicht überschritten wird. Kaum ein Wettbewerber (auch in anderen Branchen nicht) traut sich, diese Empfehlung zu überschreiten, erst recht nicht, wenn die Empfehlung auf der Packung aufgedruckt ist.

Im jedem Falle sollten Sie aber wissen, was Sache ist.

Tipps für die Praxis:

■ Rechnen Sie die Spannen und Erträge stets nach; beruhen sie auf der alten Taxe, oder hat eine Verschiebung der Kalkulationsgrundlage (zu wessen Gunsten?) stattgefunden? Werden etwaige Margenverluste durch bessere Rabatte aufgefangen?

4.3 Aufschlags- und Spannenkalkulation

Bei dieser Kalkulationsart berechnen Sie den Verkaufspreis AVP aus dem effektiven Einkaufspreis EK sowie

▪ entweder einem individuellen Aufschlagssatz A in %,
▪ oder indirekt aus Ihrer Zielspanne S in %, die das Produkt erbringen soll (einfacher überschaubar, da auch Kosten und Renditen in Umsatzprozenten angegeben werden),
▪ sowie dem Mehrwertsteuersatz M.

Rechnen Sie immer erst mit Nettowerten ohne Mehrwertsteuer, und schlagen Sie die Mehrwertsteuer dann hinterher auf, unter Verwendung folgender Mehrwertsteuerfaktoren:

1,19 bei 19 %,
1,07 bei 7 % Mehrwertsteuersatz (ermäßigt).

Mehrwertsteuer aufschlagen = Multiplizieren des (kaufmännisch auf einen Cent gerundeten) Nettopreises mit obigen Faktoren.
Mehrwertsteuer herausrechnen (= Nettowerte errechnen) = Dividieren des Bruttopreises durch obige Faktoren.
Endergebnis auf einen Cent genau runden.

Formeln zur Preiskalkulation:
a) via **Aufschlagssatz A in %**, Mehrwertsteuersatz M in %:

$$AVP = EK \cdot \left(1 + \frac{A}{100}\right) \cdot \left(1 + \frac{M}{100}\right)$$

b) mittels **Zielspanne S**, Mehrwertsteuersatz M in %:

$$AVP = \frac{EK}{1 - \dfrac{S}{100}} \cdot \left(1 + \frac{M}{100}\right)$$

Diskussion der Zielspannen:
Spanne S = 0 %: Verkauf zu Einstandspreisen (Ramschaktionen, nur in Ausnahmefällen sinnvoll).
Spanne S = etwa 20 % (bzw. individueller Gesamtkostensatz): Deckung der Gesamtkosten ohne jeden Unternehmerlohn; ultima ratio, wenn es der Wettbewerb erzwingt.

Spanne in etwa gleich Ihrer jetzigen **Betriebshandelsspanne** (meist etwa 25 % bis 30 %): Es wird ein prozentualer Deckungsbeitrag erzielt, der Ihren Unternehmerlohn bildet, und zwar in

Höhe der eingesetzten Zielspanne abzüglich Ihres Gesamtkostensatzes. Bei 20 % Kostensatz und 27,5 % Zielspanne wären das also 7,5 % Rendite, die Ihnen persönlich vor Steuern bleiben. Diese Kalkulation lässt sich zwar lange durchhalten, freilich hebt sie nicht Ihre Rendite; weitere Eingriffe an anderer Seite lassen diese im Gegenteil weiterhin abschmelzen.

Spanne etwa 30 % bis 40 %: Der „Graubereich", in dem sich möglicherweise das Meiste abspielen dürfte, wenn die Preise Stück um Stück ins Rutschen kommen dürften. Dieser Rohgewinnsatz liegt knapp an Ihrer jetzigen OTC-Marge oder etwas darunter; die Rendite ist zwar prinzipiell noch in Ordnung; ausgehend vom heutigen Niveau ist jedoch eine Erosion zu befürchten, Ihr Einkommen sinkt. Hohe Rabatte (z. B. durch Kooperationen erzielt) lassen Sie mutig werden und die Preise senken - bei vorerst gleicher Rendite. Der Kollege gegenüber zieht nach - und schon kommt eine Abwärtsspirale in Gang ...

Spanne oberhalb ca. 40 % bis über 45 % hinaus: Der anzustrebende Wunschbereich. Das ist der obere Rand der heutigen OTC-Renditen. Diese „Wertbringer" und Quellen für manche Quersubvention gilt es möglichst auszubauen. Hier erhalten Sie einen positiven Wertbeitrag über Ihre jetzige segmentale OTC-Spanne hinaus. Solche hohen Spannen heben Ihre durchschnittliche Rendite auch im OTC-Geschäft weiter an.

Vorteile dieser Aufschlags- und Spannenkalkulation:
▪ Leicht zu errechnen,
▪ führt im niedrigpreisigen Bereich zu marktgerechten Preisen

(wirklich gesamthaft kostendeckende Festaufschläge lassen sich dort meist nicht durchsetzen),

- die Zielspannenkalkulation ist leicht überschaubar, bei Kenntnis der eigenen Kostensätze und gewünschten Umsatzrenditen wird schnell ersichtlich, ob diese einen zusätzlichen Deckungsbeitrag erwirtschaftet oder nicht.

Nachteile der „klassischen" Aufschlags- oder Spannenkalkulation:

- Absolut ergeben viele, günstige Artikel (unter etwa 10,00 € bis 15,00 €) mit den üblichen Zuschlägen absolut in Euro und Cent kalkuliert keine tatsächlich kostendeckenden oder gar gewinnbringenden Preise,
- bei hochpreisigen Artikeln ergibt sich umgekehrt u.U. eine im heutigen Wettbewerb nicht mehr angemessene Verteuerung.

Letztlich basiert dieses Modell auf einer Mischkalkulationsbasis - teure Produkte subventionieren die niedrigpreisigen.
Aus diesen Erkenntnissen heraus soll hier eine praktische Faustformel zur einfachen OTC-Preiskalkulation vorgestellt werden, mit der einige Nachteile der klassischen Aufschlagskalkulation vermieden werden können.

Grundkalkulation:

$$\text{AVP brutto} = \text{AF} \cdot \text{Nettoeinkaufspreis} + \text{FZ}$$

Es wird mit zwei Komponenten gearbeitet analog dem Kombimodell („Kombimodell én miniature"), aber mit anderen Prioritäten:

Gruppe	Faktor AF (+ FZ)	Spanne netto	Aufschlag netto	Warengruppe
A	1,25	4,8 %	5,0 %	Aktionsware
B	1,75	32,0 %	47,1 %	Z.T. noch preissensibles "Medium-Segment"
C	2,00	40,5 %	68,1 %	Gesunde "Mittelklasse"
D	2,50	52,4 %	110,1 %	Gehobenes Sortiment
E	3,00	60,3 %	152,1 %	Luxussegment, aber auch „Krabbelware"
F	1,50 (+ 3,00 €)	20,7 % (+ Festanteil)	26,1 % (+ 2,52 €)	Höherpreisige Mittel im Preiswettbewerb (z.B. ab EK 25,00 €)

▪ dem Aufschlagsfaktor AF
▪ dem Festzuschlag FZ

Aus Gründen der Einfachheit (an die Mitarbeiter denken!) empfiehlt es sich, diese Parameter so festzulegen, dass gleich der End-
verkaufspreis mit Mehrwertsteuer resultiert.
Diese Formel kann zudem der Einstieg in ein Aufschlags- und
Preisgruppensystem sein. Damit ist ein System gemeint, welches
statt mit 14 Aufschlagsstufen wie bei der alten, eher unübersicht-
lichen Arzneitaxe mit weit weniger Stufen auskommt – mit drei
„Grundrichtungen", („Aktionskalkulation", „Mediumsegment",
„Luxuskalkulation"), die in insgesamt fünf bis sechs Gruppen auf-
gegliedert schon wieder eine recht feine Differenzierung zulässt.

Es sind beispielhaft leicht zu merkende Aufschlagsfaktoren FZ
aufgeführt, mit denen der tatsächliche Netto-Netto-Einkaufspreis
ohne Mehrwertsteuer einfach zum Endpreis (mit Mehrwertsteuer!)

multipliziert wird. Daraus lassen sich dann leicht die tabellierten Netto-Handelsspannen errechnen. In der letzten Gruppe F – geeignet für teurere Produkte - ist zudem ein Festzuschlag eingebaut. Jeder mag diese Gruppen und Faktoren für sich anpassen oder Gruppen zusammenfassen.

Wie lässt sich der Festzuschlag (FZ) einbauen?

Dies hängt sehr von Ihrer Packungswertstruktur im OTC-Segment ab. Haben Sie viele hochpreisige Präparate in einem wettbewerbsintensiven Umfeld, dann erweisen sich obige Aufschlagsgruppen möglicherweise als zu grob und als nicht mehr sachgerecht. Sie müssen entscheiden, ob Sie z. B. mit Faktor 1,75 oder gar 2 noch zu marktgerechten Preisen kommen. Zwar ist das die Wunschvorstellung.

Dennoch kann es dann im Preiswettbewerb sinnvoller sein, eine Kombination mit einem Festzuschlag vorzusehen, um in jedem Fall einen ausreichenden Stückertrag sicherzustellen, gleichzeitig aber ein „Hinauspreisen" bei zunehmenden Packungswerten zu vermeiden. Dies ist in der Tabelle mit der letzten Gruppe F geschehen: Kostendeckende Spanne (durch variablen Aufschlag) plus Gewinnbeitrag durch den Festaufschlag. Das ist quasi die Umkehrung des Kombimodell-Gedankens im Rx-Bereich: Hier soll ja der Festzuschlag die Grundkosten und ein kleines Honorar sichern, der variable Aufschlag von 3 % die Kapital- und Lagerkosten. Der Gewinn kommt damit wiederum zu einem guten Teil ... aus (geschmälerten) Rabatten!

Das Aufschlagsgruppensystem erlaubt im Ergebnis ein wesentlich besseres Controlling und gestattet mehr Übersicht, wenn Sie wissen, welche Umsätze, Packungszahlen und Erträge auf die einzelnen Gruppen entfallen. Der besondere Charme ist die viel weitere Spreizung der ehedem deutlich begrenzten Aufschläge nach der alten AMPreisV. Das setzt eine entsprechende Anpassung der EDV voraus. Dann können Sie

- z. B. 10 % der Packungen, aber nur maximal 3 % bis 5 % nach Wert in die Gruppe A packen (ein Trick des Preismarketings ist, die Menge nach Wert und damit den Ertragsverlust strikt zu begrenzen, aber es von den Packungen her nach viel aussehen zu lassen),
- möglichst 50 % oder mehr Umsatz auf die höheren Aufschlagsgruppen (ab C) verteilen,
- den Rest ins Medium- oder „Kombimodell"-Sortiment einordnen.

Es ist nun ein Leichtes, dann sofort auf die Gesamterträge und Spannen hochzurechnen – was nach dem bisherigen System wesentlich schwieriger und unübersichtlicher ist.

Beispiele:

1) Aus einer „Krabbelware" mit einem Netto-Netto-EK von 0,80 € werden in Gruppe E 2,40 €; gleich „marktgängig runden" auf 2,49 €! Eine überlegenswerte Alternative: Glatte Beträge wie 2,00 € oder 2,50 € wirken abgerundet, schlicht, sachlich und sparen Zeit beim Herausgeben des Wechselgeldes!

In diesem „Low-Cost-Segment" unterhalb kritischer Preisschwellen („Mitnahmeartikel") liegt noch manch Renditeschatz verborgen.

Denn hier schaut der Kunde nicht so genau hin. Der eine oder andere mag hier sogar den Faktor 3,5 oder 4 ansetzen können!

2) Aktionsware: Eine Hautcreme mit einen Netto-Netto-EK von 6,50€ soll aktiv angeboten werden. Die Aktions-Aufschlagsgruppe A führt zu einem Endpreis von 8,13€; hieraus würden praktisch 7,98€ (8,00€?), vielleicht aber auch 8,19€ oder 8,25€ werden können.

3) Hochpreisiges Vitamin-Wellness-Präparat, im Wettbewerb stehend: Effektiver EK = 40,00€. Nach der Kombimodell-Kalkulation (Gruppe F) wären 40,00€ mal 1,50 plus 3,00€ = 63,00€ zu erwarten (Angebotspreis: 62,95€). Die alternativ sinnvolle Kalkulation nach Gruppe B mit Faktor 1,75 und einer Spanne von 32% ergäbe bereits glatte 70,00€: möglicherweise zuviel. Das eigene „Kombimodell" sichert die Grundspanne von 20,7% (das bewirkt der Faktor 1,5) plus einem „Stückgewinn" von 3,00€ brutto (= 2,52€ netto), denn die Grundspanne von gut 20% entspricht in den meisten Apotheken in etwa dem Gesamtkostensatz ohne Unternehmerlohn. Insoweit hat dieses Modell durchaus seinen Charme ...

4.4 Stückzahlbezogene Kalkulation

Die stückzahlbezogene Preisermittlung verteilt die anfallenden Kosten und den erwünschten Unternehmerlohn und Gewinn gleichmäßig auf alle umgesetzten Packungen. Es wird also ein absoluter Aufschlag je Packung ermittelt, der die Kosten und den Gewinn abdeckt. Dabei kann ein pauschaler Ansatz gemacht werden - der Rohgewinn wird durch die Zahl der insgesamt abgesetzten Packungen geteilt -, oder aber es werden die einzelnen Umsatzsegmente separat betrachtet.

Hierzu ein **Beispiel:**
Eine Apotheke setze insgesamt 1,50 Mio. Euro netto pro Jahr um; der Rohgewinn betrage 405.000 Euro bei Kosten von 300.000 Euro. Es werden 65.000 Arzneimittelpackungen umgesetzt. In der Freiwahl seien es - bei 60.000 Euro Umsatz und 15.000 Euro Rohgewinn - noch einmal 10.000 Packungen. Hilfsmittel, Verbandstoffe etc. bringen 80.000 Euro Umsatz bzw. 15.000 Euro Rohgewinn bei 8.000 Packungen. 1.200 Rezepturen machen 15.000 Euro Umsatz bei 7.500 Euro Rohgewinn aus.
Das bedeutet: Im Fertigarzneimittelbereich werden

$$\frac{405\,000 - 15\,000 - 20\,000 - 7\,500}{65\,000} = 5{,}58 \text{ Euro Rohgewinn}$$

je Packung erwirtschaftet. Das Kombimodell führt mit 6,17 Euro netto Zuschlag im GKV-Bereich und 8,10 Euro bei Privatverordnungen zuzüglich 3 % und Großhandelsrabatt im unteren Prozentbereich auf den Einkaufswert für verschreibungspflichtige Mittel hier offensichtlich zu einem deutlich überdurchschnittlichen Stückertrag.

Über alle Packungen (= Summe aller oben angegebenen Packungseinheiten = 65.000 + 10.000 + 8.000 + 1.200 = 84.200 Stück) hinweg beträgt der Aufschlag

$$\frac{405\ 000}{84\ 200} = 4,81 \text{ Euro}$$

einschließlich Rezepturen.

Die spezifischen Kosten betragen analog

$$\frac{300\ 000}{84\ 200} = 3,56 \text{ € je Packungseinheit}$$

Hinweis: Die meisten Warenwirtschaftssysteme können solche Umsatz- und Packungsdaten ausgeben. Über die jeweiligen Kennzeichen im Stammdatensatz ist zu jedem Artikel eine Zuordnung zu den einzelnen Segmenten gegeben.

Detaillierter nach Umsatzsegmenten aufgeschlüsselt sehe die Situation hingegen so aus:

Segment	Umsatz in Euro	Packungs-zahl	Rohgewinn absolut in Euro	Rohgewinn je Pckg. in Euro	Spanne in %
Rx GKV-VO	995.000	27.000	225.000	8,33	22,6
Rx Privat-VO	100.000	3.000	27.500	9,17	27,5
OTC VO	50.000	5.000	20.000	4,00	40,0
OTC bar	200.000	30.000	90.000	3,00	45,0
Freiwahl	60.000	10.000	15.000	1,50	25,0
Verband-, Hilfsmittel	80.000	8.000	20.000	2,50	25,0
Rezepturen	15.000	1.200	7.500	6,25	50,0

Rx = verschreibungspflichtige Präparate, VO = Verordnungen.

Konsequenzen aus diesen Zahlen:

- Jede Packung, die mehr als 4,81 Euro Rohgewinn (= Rohertrag über alle Packungen, s.o.) erbringt, steigert statistisch den Gewinn. Das sind die Verordnungen und Rezepturen. Umgekehrt sind strenggenommen alle Packungen, die diesen Wert nicht erreichen, betriebswirtschaftlich nicht rentabel - sie decken nicht die Kosten inklusive Unternehmerlohn. Ab 3,56 Euro Rohertrag sind wenigstens die Betriebskosten gedeckt, jeder Cent zusätzlich ist Unternehmerlohn.

- Werden in den einzelnen Segmenten die oben errechneten Stückerträge nicht erreicht, sinkt der Gewinn.

- Die Verordnungsumsätze und die dortigen Stückerträge sind nach wie vor die "Top-Performer" bei dieser Rechnung (nur in prozentualen Spannen ausgedrückt sieht das anders aus, wie die entsprechende Tabellenspalte zeigt).

- Die Betrachtung des OTC-Barverkaufs zeigt, dass hier ein Aufschlag von 3,00 Euro die statistische „Messlatte" ist. Ein Billig-Schmerzmittel würde sich damit jedoch erheblich verteuern: Bei einem Netto-Netto-Einkaufspreis von 0,80 Euro und einem AVP von jetzt 1,80 Euro wären künftig mit Mehrwertsteuer rund 4,40 Euro fällig. Das erscheint kaum durchsetzbar.

- Im Freiwahlbereich müssten auf jede Packung mindestens 1,50 Euro Rohertrag aufgeschlagen werden. Damit wäre mit Mehrwertsteuer kein Artikel unter 1,75 Euro zu haben - auch nicht das billigste Hustenbonbon. Das erscheint ebenfalls nicht marktgerecht.

Fazit:

Die stückzahlbezogene Kalkulation hat aus theoretisch-betriebswirtschaftlicher Sicht eine wertvolle Aussagekraft.

Der Hauptnachteil: Praktisch lässt sie sich kaum durchgehend umsetzen. Sie zeigt aber die kaufmännischen „Leitplanken" auf, und ist als Controlling-Instrument, wie sich die Stückerträge im Vergleich zu den Stückkosten entwickeln, von erheblicher Bedeutung.

Sie gibt damit einen wertvollen Fingerzeig, welche Stückerträge zumindest an Ihren wertvollen Frei- und Sichtwahlplätzen erwirtschaftet werden müssen – wenn möglich, natürlich noch mehr! Umgekehrt ist es schon fast töricht, von wenigen Ausnahmen abgesehen, die besten Plätze mit Artikeln voll zu stellen, die nur wenige Cent Stückertrag versprechen.

4.5 Intelligente Preismodelle

Intelligente Preismodelle haben nicht nur den momentanen Ertrag im Auge, sondern versuchen, Umsätze und Gewinne nachhaltig zu stabilisieren und auszubauen. Einige, für Apotheken geeignete Ansätze können sein:

- Für Akutfälle und Laufkunden zumindest im nicht so stark dem direkten Preisvergleich unterliegenden Standardsortiment ("Schubladenware") mit soliden, auskömmlichen Spannen kalkulieren!
- Stammkunden und chronisch Kranke über Kundenbindungsinstrumente nachhaltig gewinnen. Hier eignen sich Kundenkarten, kombiniert mit Bonusprogrammen und Preisnachlässen beim Erreichen gewisser Jahresumsätze.
- Sonderaktionen auf wenige, jedoch in den Augen der Kunden geschätzte Schnelldreher-Produkte beschränken. Wichtig ist es,

den Sonderaktionscharakter hervorzuheben durch zeitliche und/oder mengenmäßige ("solange Vorrat reicht") Beschränkung.

- Ein "Dauertiefpreis-Image" können sich nur diejenigen Betriebe leisten, die „echten" Discount bieten möchten und die entsprechende Auslastung, verbunden mit einer Kostenführerschaft im Sinne niedrigster Kosten, erzielen. Echter Discount setzt nämlich hohe Auslastung plus sehr günstige Kosten voraus – sonst ist dieses Konzept tödlich (dazu brauchen Sie nur Lebensmitteldiscounter einmal näher zu betrachten)! Damit scheidet dieser Ansatz für die Mehrzahl der Apotheken aus.

- Die schrittweise Aufweitung der bisherigen Kalkulationsgrundlage auf Basis der alten Arzneimittelpreisverordnung mit Aufschlägen von 68 % bis hinab zu 30 %. Gerade in niedrigen Preissegmenten sind wesentlich höhere Aufschläge durchaus „kundenverträglich" möglich (siehe weiter unten).

4.6 Wirkung von Preissenkungen bzw. –anhebungen

Es wird gerne unterschätzt, wie viel Mehrumsatz erforderlich ist, um eine Preissenkung um x % zu kompensieren (sprich, trotzdem den gleichen Rohgewinn zu erzielen). Bedenken Sie dabei stets, dass der Arzneimittelabsatz nicht beliebig ausdehnbar ist - die meisten Mittel werden nicht auf Vorrat gekauft, und ein billiger Preis stimuliert in der Regel nicht, über den Bedarf hinaus einzukaufen. Allerdings führt die Preisaktivität zu einem Verdrängungswettbewerb. Wer bei Ihnen kauft, kauft dann nicht beim Kollegen. Die Frage ist, wie nachhaltig dieser Effekt ist und ob aus Angebotsjägern rentable Stammkunden gemacht werden können.

Das ist bei vielen Konsumprodukten anders: Hier wird etwas gekauft, weil es gefällt, nicht, weil es unbedingt benötigt wird. Somit ist hier eine, jedoch ebenfalls begrenzte, Stimulation des Mengenabsatzes möglich – neben den allfälligen Verdrängungsmechanismen.

Gewisse Segmente in der Apotheke haben jedoch durchaus Konsumcharakter, längerfristige Präventionskonzepte würden besser angenommen, wenn denn der Preis breitenwirksamer wäre. Sicher fallen Ihnen dazu einige, prominente Beispiele von Präparaten ein, die heute nur für eine recht kleine Kundenschicht infrage kommen. Für den Hersteller mag sich das trotzdem rechnen, die Apotheke hätte aber trotzdem gern einige Packungen mehr verkauft ...

Das illustriert das Problem: Bei per se schon hohen Einkaufspreisen bewirkt Ihre Preissenkung nicht, dass das Mittel nun wirklich günstig wird – und damit greifen die harten, betriebswirtschaftlichen Realitäten:

Der erforderliche, prozentuale Mehr- bzw. Minderumsatz MU ergibt sich aus dem Verhältnis der Rohgewinne, die mit dem alten bzw. neuen Preis erzielt werden:

$$MU = \left(\frac{\text{Rohgewinn (alt)}}{\text{Rohgewinn (neu)}} - 1 \right) \cdot 100\%$$

Negative Prozentwerte zeigen an, dass ein entsprechender Minderumsatz (bei Preiserhöhungen) ausreicht, um auf den gleichen Ertrag zu kommen.

Beispiel:

Ein Produkt habe einen effektiven Einkaufspreis von 5,00 € netto. Es werde bisher für 10,00 € netto (= 11,90 € mit 19 % Mehrwertsteuer) verkauft, der Rohgewinn beträgt folglich 5,00 Euro. Es soll nunmehr für 8,40 € netto (9,99 € brutto) angeboten werden, neuer Rohgewinn damit nur noch 3,40 €. Alternativ soll eine Preiserhöhung auf 12,99 € Endpreis (= 10,92 netto) durchgerechnet werden.

Lösung:
a) Erforderlicher Mehrumsatz = (5,00/3,40 - 1) x 100 % = 47 %. Es müssen also 47 % mehr Packungen abgesetzt werden, um nur den gleichen Rohgewinn zu erzielen. Dabei ist gar nicht berücksichtigt, dass fast 50 % Mehrumsatz auch entsprechend mehr Arbeit machen (Handling- und Verkaufskosten, variabler Kostenanteil). Dies soll hier als im Rahmen der gegebenen Infrastruktur abgedeckt angesehen werden, bei relativ kleinen Mehr- oder Minderumsätzen sicher vertretbar.
b) Bei einer Preiserhöhung dürfen rund 16 % weniger abgesetzt werden, um den gleichen Ertrag zu erhalten. Der Arbeitsaufwand nimmt zudem ab.

Umsatzrelation in %	Initialspanne, %:			
Preisanpassung, %	20%	30%	40%	45%
20%	50,00%	60,00%	66,67%	69,23%
15%	57,14%	66,67%	72,73%	75,00%
10%	66,67%	75,00%	80,00%	81,82%
5%	80,00%	85,71%	88,89%	90,00%
0%	100,00%	100,00%	100,00%	100,00%
-5%	133,33%	120,00%	114,29%	112,50%
-10%	200,00%	150,00%	133,33%	128,57%
-15%	400,00%	200,00%	160,00%	150,00%
-20%	unmögl.	300,00%	200,00%	180,00%
-25%	unmögl.	600,00%	266,67%	225,00%
-30%	unmögl.	unmögl.	400,00%	300,00%
-35%	unmögl.	unmögl.	800,00%	450,00%
-40%	unmögl.	unmögl.	unmögl.	900,00%
-45%	unmögl.	unmögl.	unmögl.	unmögl.

Tabelle: Welche Umsätze müssen Sie nach einer Preisanpassung machen, damit der Rohgewinn gleich bleibt? Lesebeispiel: Ihr Artikel hat heute eine Spanne von 40%; Sie senken den Preis um 20% - dann benötigen Sie einen 200%igen Umsatz, bezogen auf Ihr heutiges Niveau von 100%. Im Klartext: Sie müssen den Umsatz verdoppeln, um Ihren gegenwärtigen Rohgewinn nur zu halten ...

4.7 Preiselastizität

Hiermit eng verknüpft ist der Begriff der Preiselastizität. Wie reagiert der Absatz praktisch auf Änderungen des Preises? Bei hoher

Preiselastizität bedeuten geringe Preisänderungen bereits eine hohe Wirkung auf den Absatz, die Preise „wirken". Niedrige Preiselastizität heißt, dass Sie den Preis in mehr oder weniger engen Grenzen senken, aber auch erhöhen können, ohne dass dies zu Absatzeinbrüchen oder –steigerungen führt.

Dieser Bereich geringer Preiselastizität ist Ihr unternehmerischer Spielraum! Er herrscht dort vor, wo eine geringe Produkt- bzw. Preistransparenz herrscht (der Kunde kennt die Preise und auch die womöglich billigeren Alternativprodukte nicht), und gleichzeitig ein starkes Bedürfnis nach der Ware. Im Arzneimittelbereich ist dies immer noch häufig gegeben (weswegen man früher ja aus Gründen des Patientenschutzes die Preisbindungen hatte).

In kompetitiven Segmenten, die im allgemeinen Fokus stehen, ist dieser preispolitische Spielraum gering, im Lebensmittelhandel manchmal nur wenige Cent.

Andererseits gibt es Beispiele, dass ein und dieselbe Elektronikkette das gleiche Produkt (z. B. eine Digitalkamera) in einer Filiale für 479,00 €, in einer anderen für 699,00 € anbietet. Wir reden hier tatsächlich nicht nur von einigen Prozenten rauf oder runter!

Das illustriert den Satz: All business is local! Wer preisaktiv agieren will, sollte dringendst seine Preisspielräume individuell austesten, durch Preissenkungen und Erhöhungen! Das macht Arbeit, muss kontinuierlich nachverfolgt werden – aber so sind die Spielregeln! Pauschale „Rechenregeln" zu diesen Zusammenhängen der Wirkung von Preismaßnahmen gibt es nicht, dazu ist die Produktvielfalt zu groß, der Wettbewerb zu stark. Zudem ändern sich Kundenbedürfnisse, alles hat also eine Zeitkomponente.

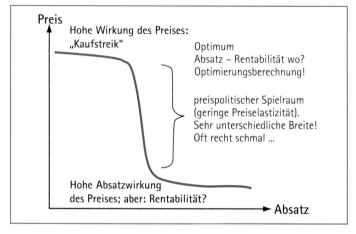

Abb. 4.1: Prinzip der Preiselastizität und Wirkung von Preisen auf den Absatz.

4.8 Prinzip der Deckungsbeiträge

Der Vollständigkeit halber sei hier noch die in der Industrie sehr gebräuchliche Rechengröße der Deckungsbeiträge erläutert. Ein positiver Deckungsbeitrag wird erwirtschaftet, wenn durch den Preis nicht nur die Kosten gedeckt werden, sondern darüber hinaus noch ein Überschuss, eben dieser Deckungsbeitrag, bleibt. Da es verschiedene Kostenarten gibt - Fixkosten, variable Kosten, sprungfixe Kosten, kalkulatorische Kosten, um die wichtigsten zu nennen - und zudem die Zuordnung unterschiedlich vorgenommen werden kann (streng auf das Produkt bezogen, Betrachtung des Gesamtbetriebes usw.), können mehrere, verschiedene Deckungsbeiträge definiert werden, je nachdem, welcher Kostenansatz zu Grunde gelegt wird.

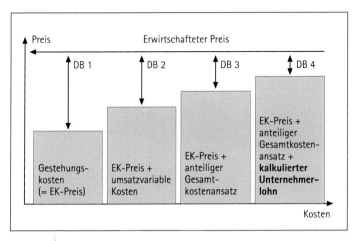

Abb. 4.2: Das Prinzip der Deckungsbeiträge (= DB).

Tipps für die Praxis:

■ Die Deckungsbeitragsrechnung zur Preisfindung macht in der Apotheke nur begrenzt Sinn, da strenge Kostenzuordnungen z.B. zum einzelnen Artikel schwierig und auch aufwändig sind. Mit der Spannen- oder ggf. auch stückzahlbezogenen Kalkulation - siehe weiter oben - kommen Sie in der Praxis weiter. Mit der Definition verschiedener Zielspannen arbeiten Sie indirekt ebenfalls mit Deckungsbeiträgen - sie sind aber leichter zu handhaben.

4.9 Ursachengerechte Kosten- und Gewinnzuordnung

Mittelfristig sollten Sie, abseits aller Spannen und Aufschläge, bei den Kosten und Erträgen umdenken und ursachengerechte Zuordnungen treffen. Dies hilft bei der Sortimentsaufstellung im Sinne von erstrebenswerten Zielpreisen und –erträgen.

Das bedeutet: Die Ursache allen Handelns ist nun einmal der Kunde. Es liegt daher nahe, alle damit zusammenhängenden Kosten, insbesondere Personal und Marketing, auf den jeweiligen Kunden zu beziehen.

Was bedeutet, die Kundenzahlen exakt zu erfassen, und zwar die tatsächlichen Bonkunden, also jeder, der etwas kauft bzw. einen „Auftrag" auslöst (dazu gehören natürlich auch zuzahlungsfreie Rezepte). Vorsicht bei bloßen Abholern (Nachlieferungen)! Das sind letztlich keine neuen Bonkunden, wenn sie nicht noch mal etwas zusätzlich kaufen. Beratungsgespräche ohne Kassenvorgang sollten selten sein, bedeuten aber eben auch keinen Bonkunden. Grenzen Sie zudem Heimbewohner, Versand- und Speziallaborgeschäft (z. B. Zytostatika) ab. An dieser Stelle entscheiden die „Straßenkunden".

Sie können weiterhin in reine Barkunden, reine Rezeptkunden und „Mischkunden" (Rezept plus Barkauf) differenzieren.

Die Kosten und Gewinne werden dann **bonkundenspezifisch** ausgedrückt, also heißt es z. B. :

3,00 € je Bonkunde Personalkosten;
0,50 € je Bonkunde Marketingausgaben,
1,80 € je Bonkunde Vor-Steuer-Gewinn.

Sodann addieren Sie Ihre sonstigen Fixkosten (Miete, Raumkosten, Sachkosten, Beiträge usw.), die über die obigen Kosten hinausgehen, einschließlich Zinsen und Abschreibungen. Diese legen Sie ebenfalls auf Ihre Kundenzahl um (= **Fixkosten je Bonkunde**). Zu guter Letzt definieren Sie einen **Zielgewinn je Kunde** (vor Steuern). Discountorientierte Apotheken können mit vielleicht nur 1,00 € bis 1,50 € rechnen, andere eher mit 1,75 € bis 2,50 €.

Die Spitze der betriebswirtschaftlichen Feinsteuerung erklimmen Sie, wenn es Ihnen zusätzlich gelingt, zumindest in guter Orientierung Ihre Hauptkostenblöcke Personal und Marketing ursachengerecht zwischen Rezeptumsatz und OTC-Verkauf aufzuteilen. Wichtige Stufen auf diesem Weg:

- Wie lange dauert die Abwicklung eines Rezeptes, wie lange ein Barverkauf? Welchen Personalkosten entspricht dies (Stundensätze des HV-Personal zugrunde legen).
- Wie hoch ist der tatsächliche Beratungsanteil im OTC-Geschäft (also über das reine „Handling", Begrüßung, Kasse, Einpacken hinausgehend)?
- Was ist hingegen die minimale Verkaufszeit bei vorgefertigtem OTC-Kaufwunsch des Kunden?
- Welche Gewinne bringt in Folge ein Rezept, ein Barverkauf?
- Welche Kundenzahl je Stunde wäre theoretisch maximal durchzuschleusen, wenn es nur Barkunden (alternativ: nur Rezeptkunden) wären?
- Mit obigen Daten: Wie schätzen Sie Ihre heutige Auslastung ein? Einen Hinweis auf die Auslastung gibt auch die „Selbstkalibrierung": Wie viele Kunden können Sie noch ganz gut ohne Quali-

tätsmängel und Überlasterscheinungen Ihrer Mitarbeiter an starken Tagen verarbeiten, wie viele kommen im Schnitt tatsächlich?

Man mag dies als übertriebene, betriebswirtschaftliche Spinnerei abtun. Doch so einfach ist es nicht – vor allem nicht, wenn Sie eine größere Apotheke betreiben!

Erkennen Sie Auslastungsdefizite, und können (oder wollen) Sie diese nicht durch Personalanpassungen beheben, dann stellt sich schon die Frage, wie Sie möglicherweise auch über eine intelligente Preispolitik mehr Kunden in Ihre Apotheke locken.

Die ursachengerechte Kostenzuordnung zeigt zudem, wo das größere Potenzial liegt: Im „Locken" von Rezepten (dazu lassen sich dann auch manche Preissenkungen riskieren), oder in der Fokussierung auf einen ertragreicheren Barverkauf?

Die Pauschalantwort „OTC-Verkauf erhöhen" stimmt eben nicht in allen Fällen, wenn zusätzlicher Aufwand und möglicher Ertrag vor dem Hintergrund der jeweiligen Betriebsstruktur nicht in vernünftiger Relation stehen ...

4.10 Preise erhöhen!?

Was angesichts der momentan genau in die andere Richtung laufenden Entwicklungen wie ein Märchen aus 1001 Nacht klingen mag, ist mit entsprechender Cleverness durchaus realisierbar: Höhere Preise! Die Meßlatte im OTC-Bereich ist heute noch in Form der „alten", degressiven Arzneitaxe gegeben, an der sich viele, aber mitnichten alle, „unverbindlichen Preisempfehlungen" (UVP) der Hersteller halten.

Endverkaufspreis brutto	Rohgewinn nach alter AMPreisV	dto., 15% Rabatt	dto., 20% Rabatt	dto., 25% Rabatt
2,50 €	0,83 €	1,02 €	1,08 €	1,15 €
5,00 €	1,61 €	2,00 €	2,13 €	2,26 €
7,50 €	2,41 €	2,99 €	3,19 €	3,38 €
10,00 €	3,05 €	3,85 €	4,12 €	4,39 €
12,50 €	3,81 €	4,81 €	5,15 €	5,48 €
15,00 €	4,16 €	5,43 €	5,85 €	6,27 €
17,50 €	4,77 €	6,26 €	6,76 €	7,26 €
20,00 €	5,45 €	7,15 €	7,72 €	8,29 €

Praktisch bedeutet dies Aufschlagssätze von maximal 68 % (bis zum EK von 1,22 € netto, Spanne = rund 40 %) bis hinab zu 30 % (ab 35,95 €; Spanne = ca. 23 %) auf den nominalen Listenpreis. Die erhaltenen Rabatte werden jedoch traditionell noch zusätzlich vereinnahmt. Trotz der Rabatte ergeben sich gerade im unteren Preissegment zwangsläufig nur relativ geringe Stückerträge (siehe Tabelle).

Eine Orientierungsmarke: Der durchschnittliche Stückertrag über alle Arzneimittelpackungen einer durchschnittlichen Apotheke (Rx und Non-Rx inklusive OTC) beträgt etwa 5,50 € bis 6,00 €. Um diesen zu erzielen, benötigen Sie im Barverkauf einen Bonumsatz („Barkorb") von mindestens 15 € brutto, je nach erhaltenem Rabatt. Das liegt über dem heute üblichen „Barkorb" von etwa 10 € bis 12 € und erst recht dem Preis einer einzelnen OTC-Packung von durchschnittlich 8,50 € bis 9,00 € (hier jeweils brutto mit Mehrwertsteuer angegeben).

Es liegt also nahe, gerade im unteren Preissegment, welches auch nach Stückzahlen interessant ist, bei den Aufschlägen zuzulegen, während bei teuren Packungen (Klassiker: Wobenzym®, Ginkgo-Präparate) eine zunehmende Preissensibilität und Konkurrenz zum Versand besteht.

Einige Tricks und Anregungen für bessere Preise:

- Nach oben runden! Aus 9,67 € können auch leicht 9,95 € werden!
- Politik der kleinen Schritte. Durch beständiges „Heraufrunden" lässt sich ein höheres Preisniveau mittelfristig durchsetzen – bei Präparaten, die vom einzelnen Kunden nur selten verwendet werden (das bedeutet nicht, dass das Mittel an sich schlecht gehen muss).
- Unbekanntere Artikel und Akutpräparate bei hohem Leidensdruck zumindest nicht verramschen, tendenziell höher kalkulieren. Aber Achtung: Unbekanntheit = niedriger Stückumsatz, und das bedeutet auch einen nur recht geringen Effekt; manche Apotheken machen 70 % bis 80 % ihres OTC-Verkaufs nur mit ihren schnelldrehenden Sichtwahl-Produkten!
- Preisgruppen bilden: Jeder Artikel in diesem Korb für 5 €! Dort können Sie auch Dinge unterbringen, die vielleicht nur einen oder zwei Euro wert sind, aber nicht als solches erkannt werden – damit ergeben sich sehr gute Aufschläge von bisweilen mehreren hundert Prozent. Nutzen Sie die Arithmetik der kleinen Preise und Preisschwellen, im Billig- und Mitnahmesegment ist die Preissensibilität oft gering (Ausnahmen sind freilich Produkte des täglichen Bedarfs mit hoher Preistransparenz wie Zahnpasta, Drogeriemarktartikel etc.!).
- Auf Emotionen zielen und den Zugehörigkeits- und Markengedanken pflegen. Was bei Autos, verschiedenen Kleider- und

Luxusmarken funktioniert, ist in der Apotheke freilich noch Entwicklungsland.

- Eine Fortgeschrittenen-Technik mit höherem Aufwand ist die Bildung von Sets und Produktkombinationen (für Erkältung, Urlaub, spezielle Hautpflegekombinationen, Homöopathie-Starter-Set usw.). So lassen sich hier mehrere, sinnvolle, sich ergänzende Artikel unterbringen, angereichert durch eine Broschüre, eingepackt in ein Täschchen oder eine Schmuckschachtel mit einem kleinen Plüschtier obenauf ... und das Ganze zu einem vernünftigen Komplettpreis! Der Kunde erkennt den effektiven Gesamtwert nicht – das gibt Raum für gute Einzelkalkulationen.

Extrem gefährlich sind hingegen Preiserhöhungen bei Produkten, die allgemein bekannt sind und zudem noch vom einzelnen Kunden häufig verwendet werden. Hier ist eine recht hohe Preistransparenz und ein Preisbewusstsein gegeben, so z. B. bei Kopfschmerzmitteln und Produkten, die auch in anderen Vertriebskanälen sind.

4.11 Preispolitik

Die Zukunft wird nur begrenzt im Hochpreis- und Luxussegment liegen können. Lediglich vergleichsweise wenige Standorte in sehr kaufkraftstarken Regionen geben dafür überhaupt ein ausreichendes Kundenpotenzial her. Zudem sind diese Kunden außerordentlich anspruchsvoll und heute immer breiter und sogar global orientiert. Produkte werden gerade von solchen Kunden zunehmend, dank Internet, weltweit erworben, mit allen Folgen.

Für die Masse der Apotheken kommt es somit eher darauf an, ein ehrliches „Preiswert-Image" aufzubauen (nicht billig!), im Sinne von „seinen Preis wirklich wert", und das für die große Masse der Kunden. Das kann dennoch renditeorientiert geschehen, ohne plumpen Discount.

Ein Weg, „mehr Sahne in den Kaffee" zu bekommen, ist es, sich vom reinen Packungsverkäufer zum Systemverkäufer und Problemlöser zu profilieren - durch übergeordnetes Denken in Wirkungs- und Problemlösungsketten!

Der Kunde bekommt nicht nur ein Präparat punktuell für diese oder jene Indikation, sondern ein umfangreicheres „Paket" beispielsweise zu Anti-Aging oder Herz-Kreislauf-Prophylaxe, bestehend aus abgestimmten Einzelmaßnahmen von der Ernährungsberatung, ggf. Versorgung mit Mikronährstoffen, gut verträglichen, präventiv wirkenden Präparaten bis hin zur Vermittlung an kooperierende Institutionen auf Seiten der Ärzte, Physiotherapeuten, Heilpraktiker, Kosmetiker, Erholungseinrichtungen usw.

Da liegt der „Club-Gedanke" wie bei Fitnessstudios nahe, in dessen Rahmen eine regelrechte Einschreibung mit festen, monatlichen „Betreuungspauschalen" erfolgt.

Eine clevere Preispolitik nutzt zudem Preissenkungs- und Erhöhungsspielräume, wie bereits erwähnt und weiter unten noch illustriert. Andere Branchen setzen sich seit jeher mit dieser Thematik auseinander, denken Sie nur an die Autohersteller, wie diese sich mit ihren Marken abzugrenzen versuchen und an vielen Stellen doch durch ihre Ausstattungspolitik ganz erhebliche Renditeschübe generieren.

Die Kernfrage lautet dabei künftig auch für die Apotheke: Verkäufer bloßer Konsumprodukte und Handelswaren („commodities") – oder mehr? Wird nur Ware oder auch ein Mehrwert verkauft?

Literaturhinweis:
Swimon, H., Dolan, R.J.: Profit durch Power Pricing, Campus Verlag Frankfurt / New York

4.12 Aktionen und Sonderangebote

Untrennbar mit dem OTC-Geschäft sind heute trotz obiger Gedanken Aktionen und Sonderangebote verbunden. In aller Regel dominieren Lockangebote, beschränkt auf relativ wenige Artikel (oft nur 10 bis 20) in einem begrenzten Zeitabschnitt (ein bis zwei Wochen). Klug ist es weiterhin, die Menge vernünftig zu begrenzen („solange Vorrat reicht", „Abgabe nur in haushaltsüblichen Mengen").
Noch selten im stationären Apothekengeschäft ist der echte Discount, der quer durch das Sortiment für spürbar niedrigere Preise steht. Im Versandhandel finden sich dagegen sortimentsübergreifend deutlich niedrigere Preise, selbst bei seltenen Präparaten, auch wenn es in jüngster Zeit sogar hier wieder etwas bergauf mit den Preisen zu gehen scheint. Apothekenkonzepte wie DocMorris oder die Easy-Apotheken versprechen hier viel, müssen ihre Bewährung in der Praxis aber erst einmal beweisen. Die Angst, sich die Margen und damit die Gewinne dauerhaft zu verderben, sitzt auch hier tief.
Stillschweigend wird bei allen diesen Aktionen und Konzepten jedoch auf die Gewinnung zusätzlicher Stammkunden gezielt, die dann vorrangig zu regulären Preisen einkaufen und zudem ihre Rezepte bringen sollen – nicht selten ein Traum, der rasch ausgeträumt ist. Wie an anderer Stelle schon dargelegt, erbringt ein einzelnes

Rezept statistisch den Rohgewinn von drei Barkunden, sodass ein manifester Anreiz vorhanden ist, dafür so manchen OTC-Ertrag aufs Spiel zu setzen. Nur so klar zugeben mag das kaum jemand, am Rezept wird ja nach gängiger Lesart kaum mehr etwas verdient.

Andererseits haben Sie angesichts der Wettbewerbssituation an vielen Standorten oder schlicht wegen Ihrer Lage in einem Einkaufszentrum oder in guter Lauflage kaum eine Wahl. Entweder Sie zeigen Aktivitäten, zu denen nun einmal im Handel auch Sonderangebote gehören, oder Sie verschenken Marktanteile an Anbieter, die da nicht so zimperlich sind.

Wenn Sie sich dabei nur auf Nicht-Arzneimittel und das Nebensortiment beschränken (eine gerne gegebene und im Kern wahre Empfehlung), laufen Sie heute Gefahr, dass die Attraktivität zu gering ist und sich die Aktion verläuft. Gleiches gilt, wenn Sie nur unbekannte, apothekenpflichtige Präparate in das Angebot nehmen.

Greifen Sie hingegen zu bekannten, umsatzstarken Markenprodukten, „zieht" die Aktion fraglos weit mehr, aber Sie setzen sich dem Vorwurf aus, Marken zu konterkarieren und schlussendlich zu entwerten.

Wie Sie es also auch angehen – entweder treten Sie jemandem auf die Füße (Ihren Konkurrenten im heutigen Verdrängungsmarkt und auch mal der Industrie), oder aber die Aktion verpufft wirkungslos.

4.13 Angebote durchkalkulieren

Beliebt sind nach wie vor die „Angebotsblätter", als Flyer verteilt, im Ständer vor der Apotheke präsentiert oder im Schaufenster aushängend.

Es ist dringend zu empfehlen, diese Angebotsaktionen sauber durchzurechnen – vorher mit erwarteten Absätzen und hinterher mit den tatsächlichen Verkaufszahlen.

Das benötigen Sie:

- Die üblichen Absatzzahlen (Stückzahlen) der Angebotsprodukte in einem der Angebotsperiode vergleichbaren Zeitraum,
- Ihre effektiven Einstandswerte der Produkte einschließlich aller Rabatte und Vorteile,
- die normalen und die Angebotspreise brutto und für die Rohgewinn- und Stückertragsberechnung netto ohne Mehrwertsteuer.

Betrachten wir ein Beispiel mit 8 Artikeln auf dem Angebotsblatt. Zuerst die Aufstellung der Einkaufs- und Verkaufspreise sowie der Netto-Spannen:

Produkt	AEK netto	AVP normal	AVP Angebot	Spanne normal	Spanne Angebot
A	2,50 €	6,20 €	3,98 €	52,02 %	25,25 %
B	5,70 €	11,98 €	7,98 €	43,38 %	15,00 %
C	8,60 €	19,50 €	14,90 €	47,52 %	31,32 %
D	0,80 €	1,90 €	0,99 €	49,89 %	3,84 %
E	12,20 €	26,50 €	19,50 €	45,22 %	25,55 %
F	1,20 €	1,99 €	1,39 €	28,24 %	-2,73 %
G	9,45 €	19,90 €	11,98 €	43,49 %	6,13 %
H	4,60 €	9,50 €	6,29 €	42,38 %	12,97 %

Diese Aufstellung ist die unverzichtbare Basisarbeit. Sie zeigt die üblichen OTC-Spannen bei der Normalkalkulation. Die Angebotskalkulation erfolgt teilweise beinahe zu Einkaufspreis (AEK), teilweise aber sogar noch zu ganz beachtlichen, mehr als kalkulatorisch kostendeckenden Spannen. So sollte es auch sein! Nicht alles muss zu AEK verramscht werden. Vielmehr entscheidet die Attraktivität der Produkte für breite Käuferkreise!

Als nächstes steht der Vergleich der jetzigen Packungsumsätze in einer der Angebotsdauer vergleichbaren Zeitspanne mit den erwarteten (bzw. am Ende der Aktion konkretisierten) Stückumsätzen an.

Neben den Stückzahlen werden die einzelnen Stückerträge errechnet. Die schlussendliche Rohgewinndifferenz ergibt sich, indem die Stückzahlen der Aktion mit den Stückerträgen der

Produkt	Ertrag normal je Stck.	Pckg. normal	Ertrag Angebot je Stck.	Pckg. Angebot	Differenz Rohgewinn
A	2,71 €	25	0,84 €	110	25,15 €
B	4,37 €	10	1,01 €	35	-8,47 €
C	7,79 €	20	3,92 €	55	59,92 €
D	0,80 €	40	0,03 €	300	-22,29 €
E	10,07 €	15	4,19 €	65	121,09 €
F	0,47 €	20	-0,03 €	250	-17,43 €
G	7,27 €	30	0,62 €	145	-128,68 €
H	3,38 €	40	0,69 €	110	-30,60 €
Summen:		200		1.070	-30,60 €
Kosten Aktion: Saldo:					-2.000,00 € -2.030,60 €

Aktionspreise multipliziert werden (= Rohgewinn der Aktion mit diesem Artikel), und davon der „normale" Rohgewinn (Normal-Stückzahl mal Normal-Stückertrag) abgezogen wird.

Letzteren hätten Sie ja auch ohne die Aktion erwirtschaftet.

So sehen Sie, ob zusätzliche Rohgewinne erwirtschaftet werden.

Für die Endbilanz müssen die Aktionskosten (Druck, Verteilung, Erstellungskosten usw.) abgezogen werden. Erst dann haben Sie eine ehrliche Bilanz.

Nicht selten wird diese negativ sein. Es erhebt sich dann die Frage, ob dieser Betrag, der ehrlicherweise unter der Rubrik „Marketing" zu verbuchen ist, durch Stammkundengewinnung, die Einlösung von Rezepten und den weiteren Kauf von Nicht-Angebotsware kompensiert werden kann.

In jedem Falle sollten Sie sich nicht allein von imposanten Steigerungen der abgesetzten Stückzahlen (wie auch im Beispiel) blenden lassen. Wie heißt es so schön: Es zählt, was hinten heraus kommt ...

4.14 Angebotskontinuität

Die Sache mit den Flyern, Anzeigen und Angeboten hat einen entscheidenden Haken. Wenn Sie nicht kontinuierlich nachlegen, verpufft die Wirkung innerhalb weniger Wochen. Das gilt ganz besonders, wenn aus den Angebotskunden keine Stammkunden werden.

Damit sind Sie quasi dazu verdammt, laufende Aktionen zu schalten und die richtige „Taktung" zu finden.

Die Erfahrung zeigt, dass Takte von 2 bis 4 Wochen erforderlich sind. Wöchentliche Angebote bedeuten einen hohen Aufwand;

allenfalls marktführende Apotheken, die ihre Konkurrenz permanent unter Druck halten wollen, können dies erwägen. Nur sporadische Aktionen alle paar Monate verpuffen jedoch nach wenigen Tagen wieder. Das Image einer aktiven, präsenten Apotheke wird damit nicht vermittelt.

Tipps für die Praxis:

■ Ein Angebotsblatt muss nicht nur Sonderangebote enthalten! Sie können durchaus einige „normal" kalkulierte Produkte einstreuen, die dann aber eine Attraktivität von sich aus haben sollten oder einfach neu und interessant sind. Zusätzliche „Goodies" wie einlösbare Coupons (siehe Anreizsysteme), Verlosungen usw. können – im Rahmen des wettbewerbs- und berufsrechtlich Zulässigen – die Wirkung beträchtlich erhöhen.

4.15 Kunden-Anreizsysteme

Mit Speck fängt man Mäuse – auf diese einfache Formel lässt sich das Thema "Anreizsysteme" bringen.

Die Erfahrung zeigt, dass der Erfolg auf einer Kombination beruht:

■ (subjektiver) Attraktivität der Vorteile und
■ Bekanntheit des Programms

Wie ist beispielsweise der Erfolg z.B. von „Pay back", auch in teilnehmenden Apotheken, zu erklären? Es ist die Bekanntheit, die Vielzahl von Kooperationspartnern. Die Vorteile für die Kunden sind mit durchschnittlich rund 1 % erstaunlich gering, die Kosten für die Kooperationspartner ziemlich hoch. Das zeigt, wer die eigentlichen Gewinner sind ...

Um aber diesen unbestrittenen Bekanntheitsfaktor zu überbieten, müssen Sie sich etwas Besonderes einfallen lassen, wenn Sie sich nicht einfach der breiten Masse anschließen möchten.

Die grundsätzliche Frage lautet: Möchten Sie ein durchgeplantes und –kalkuliertes (!) Anreizsystem, welches zu regelrechten Ansprüchen der Kunden führt (je 10 Euro ein Taler, 3 % Gutschrift auf Nicht-Rx-Umsätze der Kundenkarte usw.)? Größere Apotheken werden dies bejahen, schon alleine deshalb, weil ab einer gewissen Zahl von Mitarbeitern klar durchstrukturierte Systeme im Vorteil in Bezug auf Umsetzbarkeit und Effizienz sind. Die EDV muss dies dann bestmöglich unterstützen.

Solche Systeme sind zum Beispiel:

- Taler, Rabattmarken und Prämien, im Grunde eine Kundenbindung durch Erpressung (nur wenn Sie soundsoviel bei mir oder bei meinen Kooperationspartnern kaufen, dann bekommen Sie dafür ..., positiver formuliert eine Art Rabatt-Sparaktion auf ein vermeintlich attraktives Ziel hin),
- Couponaktionen, die dem Kunden ein kleines Präsent und Ihnen einen neuen Kundenkontakt einbringen,
- Rabatte auf Kundenkarten-Umsätze oder Umsätze von Kooperationspartnern,
- andere Formen der System-Rabattgewährung: ab einem gewissen Umsatz, für gewisse „Premium-Kunden", bei Erfüllen gewisser, anderer Kriterien (z. B. frühere Optiker-Aktionen: Rabatt entsprechend dem Lebensalter u.a.), nach Tageszeit („Happy hour") oder Wochentag u.a.m.

Gerade hier sollten Sie das KISS-Prinzip beherzigen:
„Keep it simple and stupid".

Zu komplizierte Bedingungen bedeuten für Sie viel Verwaltungsaufwand. Bedenken Sie, dass bei zu ausgefeilten Systemen schnell Zweifels- und Grenzfälle auftreten können, die zu Streit und damit exakt zum Gegenteil dessen führen, was Sie beabsichtigen. Ein prominentes Beispiel eines völligen Fehlschlages war vor einigen Jahren das damalige, neue Preissystem der Deutschen Bahn. Tappen Sie also nicht in die Komplexitätsfalle!

Gerade kleinere Apotheken, die sich traditionell schwerer damit tun, stringente Systeme umzusetzen und oft schlicht die Ressourcen dafür nicht haben, können einen individuellen Weg gehen. Muss denn in einem Kleinbetrieb alles immer plan- und berechenbar sein, wenn es um freiwillige Zusatzleistungen und Geschenke für den Kunden geht?

Durch originelle Zugaben nach der (hoffentlich meist gutmütig gestimmten) „Laune des Chefs", durch die eine oder andere Großzügigkeit und Herzlichkeit lässt sich nämlich vieles wettmachen. 3 % oder 5 % auf Kundenkarte werden zwar gerne mitgenommen – doch werden sie irgendwann noch wirklich wahrgenommen, gar geschätzt? Sie werden eher vereinnahmt wie das monatliche Gehalt, welches vielfach auch eher eine Art Anwesenheitsprämie ist oder gar als Schmerzensgeld empfunden wird.

Ganz anders dagegen, wenn Sie mit Besonderheiten punkten, mit Dingen, die der Kunde nicht erwartet:

■ Ein nützliches, situationsgerechtes, kleines Geschenk (Eiskratzer im Winter; Pflaster bei kleinerer Verletzung, passend skalierte

Spritze zum exakteren Abmessen mancher Flüssigkeiten usw.). Kostet fast nichts, doch demonstriert Großzügigkeit und Hilfsbereitschaft ...

- Nette, auch überraschende Kleinigkeiten (nicht nur die schrecklichen Traubenzucker!) für Kinder. Kinder sind übrigens ein ganz ausgezeichneter „Hebel" für kleine Präsente!
- Ein in Erinnerung bleibendes, kleines Präsent zum Geburtstag oder zur Entlassung aus dem Krankenhaus, vielleicht auch ein besonderes (nicht-kommerzielles) Service-Angebot.
- Interessante Fakten: Was geschah am Geburtstag oder Namenstag des Kunden? Wissen Sie, dass Sie heute exakt 20.000 Tage alt sind (lässt sich leicht z. B. mit Excel ausrechnen) – plus kleines Geschenk ...

All dies zielt ins Herz – und nützt gerade deshalb mittelfristig auch wirtschaftlich.

Wer dennoch auf strukturierte Angebote setzen will oder konkurrenzbedingt muss:

- Kalkulieren Sie die Kosten vollständig, also inklusive eventueller EDV-Anpassungen, Mitarbeiterschulungen, Verwaltungsaufwand, zusätzlicher Aufwand am HV-Tisch, für die Auswahl und Verwaltung von den bisweilen sehr ausufernden Prämien etc.
- Rechnen Sie die vollständigen Kosten auf den jeweiligen Kunden (nur die tatsächliche Nutzergruppe!) herunter!
- Wer mit Talern oder anderen „Rabattmarken" arbeitet: Wie hoch ist der reale Wert (Ihr Einstandswert) eines Talers, wie hoch ist er dagegen in etwa für den Kunden? Wie hoch ist der tatsächliche Rabatt, den Sie dergestalt geben?

Abschließend sei auf das Thema „**Event-Marketing**" hingewiesen, etwas, was von etlichen Konzernen, aber auch sehr gerne von Radiostationen in steigendem Maße umgesetzt wird: Verlosungen, die 100.000 Euro-Frage, Reisen auf Quizfragen hin, Event-Wochenenden von Autoherstellern, verschiedenste Wettbewerbe u.a.m.

Center machen so etwas auch sehr gerne, dann allerdings für alle Ladengeschäfte im Rahmen der Werbegemeinschaft.

Tatsache ist: Sie erreichen damit mehr als mit einer 08/15-Zeitungsanzeige, einem Spot im Lokalfernsehen oder im Lokalradio. Während letzteres im üblichen „Werberauschen" (welches auf konstant hohem Niveau stattfindet) untergeht, locken überraschende Events doch immer wieder Leute an.

Anders als Großkonzerne können die allermeisten Apotheken jedoch keine Show mit bekannten Künstlern, Prominenten usw. organisieren (was verschiedene Ketten ja durchaus tun). Zudem kommen schnell rechtliche Grenzen in Sichtweite, und Abmahnungen seitens der Konkurrenz oder spezialisierter Anwälte drohen.

Sie müssen also den Spagat zwischen berufsrechtlich und ethisch vertretbaren Kosten und Aufmerksamkeitswirkung bewältigen. Deshalb ist eine vorherige Vergewisserung über die rechtliche Unbedenklichkeit anzuraten.

Einige Anregungen:

- Die Frage des Monats. Die Frage sollte durchaus fordernd und intelligent sein, verbunden mit einem attraktiven, überraschenden, nicht unbedingt sehr teuren Preis. Aber bitte nicht das Duschgel oder Kosmetikum aus der Krabbelkiste ...

- Verschiedene Formen von Wettbewerben, die auch mit Witz und Verstand gestaltet werden können.
- Pharmazeutische Events: Salben zum Selbstrühren, Tabletten-pressen (kleine, transportable Exzenterpresse lässt sich vielleicht aus einem Institut organisieren), Dragieren von Erdnüssen u.a., Aufstellen von Mikroskopen mit interessanten Präparaten aus Pharmazie und Natur. Allerdings ist die Platzfrage zu klären.
- Lassen Sie die Kunden für sich arbeiten und ausschwärmen: Welche Erfahrungen, Hausmittel und die besten Tipps für dies und das haben Sie? Werben Sie neue Kunden für uns an! Wo gibt es dieses und jenes zu welchem Preis? Die „Arbeit" wird jeweils prämiert. Aber Vorsicht! Überlegen Sie, welche „Spira-len" Sie anstoßen. Kunden auf Preissuche zu schicken, macht natürlich nur da Sinn, wo der Preiswettbewerb bereits intensiv ist, und Sie den Preisüberblick nicht haben - sonst lassen Sie natürlich besser die Finger davon ...

Eine ganz andere Form von „Event" sind Vortragsveranstaltungen. Richtig vorbereitet und angekündigt, können sie bisweilen 100 und mehr Teilnehmer erreichen – und manch einen in die Apo-theke locken. Wie bei all diesen Dingen gilt jedoch: Wenn es dann nicht gelingt, den Kunden in der Apotheke selbst zu überzeugen, wird der Erfolg auch dieser Aktion rasch abflauen.

4.16 OTC und Versandhandel

Der OTC-Anteil macht bei vielen Versandhändlern 60 % bis 80 % des Umsatzes aus. Der Rezeptanteil ist hingegen meist bei Weitem nicht so hoch, wie ehedem vom Berufsstand befürchtet wurde (fast alle Chroniker landen im Versand!?). Da zudem ein Verbot des Versandhandels mit verschreibungspflichtigen Arzneimitteln zumindest diskutiert wird, könnte dies die Schwerpunkte noch weiter in Richtung OTC-Geschäft verschieben.

Das Argument für den Versand ist jedoch im Arzneimittelbereich ganz überwiegend der Preis – keine besonders komfortable Startvoraussetzung. In anderen Versandbranchen ist dies nicht unbedingt so: Elektronik, Mode usw. sind im Versand nicht billiger, bisweilen sogar teurer. Stattdessen zählt die größere Auswahl nach Katalog im Vergleich zum stationären Ladengeschäft, die Bequemlichkeit, die Anonymität der Auswahl u.a.m.

Dieses Preisargument wird sich sobald nicht umkehren lassen, auch wenn in jüngster Zeit ein gewisser Trend zu etwas niedrigeren Preisnachlässen bei den meisten Versandapotheken festzustellen ist.

Trotzdem ist der Versandapotheken-Markt mit zahlreichen Mitspielern bereits gut besetzt. Das operative Geschäft funktioniert meist recht gut. Die Messlatten sind also gelegt, auch durch die zahlreichen, branchenfremden Internetplattformen. Schwächen und Nachlässigkeiten verzeiht der Markt nicht.

Zu allem Überfluss ist es recht schwer, Gewinne zu erzielen.
Es ist ein offenes Geheimnis, dass der Versandhandel (wie Großteile der Logistikbranche einschließlich Pharmagroßhandel!) ein Musterbeispiel für die modernen Niedriglohnbranchen darstellt. Maximale Flexibilität des Personals quasi auf Abruf, vergleichsweise niedrige Löhne, hohe Auslastung und Arbeitsbelastung,

Prozess-Schritt Kostenposition	Zeitbedarf Minuten	Stundenlohn normal in €	= Kosten je Sendg. in €
Annahme, Datenerfassung	3,00	12,00 €	0,60 €
Kommissionierung	2,00	12,00 €	0,40 €
Verpackung	3,00	12,00 €	0,60 €
Rechnungserstellung	1,00	12,00 €	0,03 €
pharmazeutische Prüfung	3,00	20,00 €	0,20 €
Packmaterial, Rechnung etc.			1,00 €
Werbematerial, Freikuvert			0,75 €
Versandkosten, Versicherung			3,25 €
Beratungstelefon je Fall (Quote 10%)	5,00	20,00 €	0,17 €
Zeitaufwand je Retoure (Quote: 3%)	10,00	12,00 €	0,06 €
	€ je Fall		
Sachaufwand je Retoure (Quote: 3%)	5,00 €		0,15 €
Kosten je Zahlungsausfall (Barverkäufe, Quote 2%)	50,00 €		1,00 €
Kosten je Zahlungsausfall (GKV-Zuzahlung, Quote 1%)	12,50 €		0,13 €
Summe je Sendung:			9,05 €

Masse statt Klasse lauten die Maximen. Nur so lassen sich wenigstens kleine Gewinne einfahren.

Dazu müssen erst einmal die Prozesskosten sauber definiert werden, wie die Mustertabelle zeigt.

Man kann es drehen, wie man will. Je Sendung fallen, ehrlich gerechnet, allein operative Gesamtkosten um 8,00 € bis 10,00 € an.

Allein zur Deckung von z. B. 9,00 € operativen Kosten brauchen Sie schon folgende Mindestbestellwerte im reinen Bar-, OTC-Segment (ohne Rezepte):

Spanne, netto	Mindestbestellwert (9,00€ Kosten), netto	... dto., Bestellwert brutto (Kundenpreis, gerundet)
15,0%	60,00 €	71,50 €
17,5%	51,50 €	61,50 €
20,0%	45,00 €	53,50 €
22,5%	40,00 €	47,50 €

Vieles dürfte sich praktisch, je nach Preisaktivität, zwischen 15 % und 20 % Marge abspielen.
Zu obigen Aufwendungen kommen noch anteilige Raumkosten, Gemein- und Verwaltungskosten, anteilige Beiträge, Versicherungen etc. sowie Kapitalkosten für die getätigten Investitionen und das gebundene Kapital hinzu.
Gerne übersehen werden die ganz beträchtlichen Werbeaufwendungen: Kataloge, Internetwerbung, Flyer, Freiumschläge usw., die mit oben aufgeführten „Materialwerten" nicht angemessen berücksichtigt sind (s. u.).

Nicht zu vergessen: Ein kleiner, kaufmännischer Gewinn im unteren Prozentbereich sollte auch noch drin sein ...
Damit bewegen sich die Mindestbestellmengen in der Größenordnung von 70,00 € bis 80,00 € aufwärts.

Entscheidend für die Rentabilität ist die **Zusammensetzung des Bestellkorbs,** der Mix aus Rezepten, höherpreisigen OTC-Großpackungen und durchaus auch manchen „Füllern" in Form kleinerer Packungen.

Ein Rezept bringt durchschnittlich 11 € bis 13 € Rohgewinn, jedoch abzüglich eventueller Nachlässe. Damit sind die Grundkosten je nach eingeräumten Vergünstigungen gedeckt.

Wenn es gelingt, einen guten „Durchschnitt-Mix" hinzubekommen (hier schlägt die Statistik zu – nicht jede Sendung kann rentabel sein, aber dieser Anteil muss eben begrenzt sein!), ist sogar eine gute Rentabilität möglich! Das lässt sich mittels statistischer Methoden simulieren.

Wichtiger Erfolgsbaustein ist damit, neben den Anreizen Preis, Gutscheine, Prämien, Kundenbindungsprogramme etc., die richtige Höhe des **versandkostenfreien Mindestbestellwertes** und eine hinreichend hohe, kostendeckende Versandkostenpauschale unterhalb dieser Schwelle.

Die zweite Hürde ist die **Auslastung:** Ohne einen eingespielten Prozessablauf mit geringen Leer- und Stillstandszeiten können Sie nicht die erforderliche Kostenführerschaft erreichen. Das impliziert stabile, hohe Zahlen an Bestellungen. Erfahrungsgemäß liegen die bei mindestens mehreren hundert pro Tag, besser im vierstelligen Bereich.

Und nun stellen Sie sich vor, Sie haben einen tollen Shop, tolle Angebote, discounten um die Wette (über Sinn und Unsinn dieses Discounts wollen wir hier nicht richten ...) – und niemand weiß davon! Woher auch in dieser völlig reizüberfluteten, von Überfluss und Überkapazitäten geplagten Konsumlandschaft!

Regelmäßige Kataloge, ständiges Updaten der Preise und Angebote, E-Mail-Werbung, Kundennachbetreuung („After-sales-Marketing"), Finessen der Internetwerbung (Eintrag in Suchmaschinen, bevorzugtes Erscheinen, wenn gewisse Suchbegriffe eingegeben werden, geschickte „Web-Promotion" usw.), Anbindung und Verlinkung mit bekannten Portalen – alles unabdingbare Schritte zum Erfolg. Die meisten unter Ihnen werden dies nicht beherrschen, und Profis in diesem Bereich sind knapp und teuer ...

Wenn Sie mit dem Gedanken spielen, sich als lokaler Versender „auf kleiner Flamme" zu etablieren, dann bedenken Sie Folgendes: Warum soll ein Kunde noch in Ihre Apotheke kommen, wenn er es in Ihrem Internet-Shop erstens billiger und zweitens noch frei Haus geliefert bekommt?

Die Kannibalisierung des (Ihres eigenen!) stationären Apothekengeschäftes ist ein ernstes Thema! Das kann nur durch möglichst überregionale Aktivitäten ausgeglichen werden – und damit wird es nichts mit der „kleinen Flamme" im Hinterzimmer.

Umgehen lässt sich dies möglicherweise durch die Etablierung eines Spezialshops für nicht alltägliche Produkte – abseits des üblichen Standard-Arzneimittelgeschäfts. Davon müssen Sie etwas verstehen. Kataloge, Bildmaterial, einen attraktiven Internetauftritt und eine zuverlässige Logistik benötigen Sie aber auch hier.

Wenn Sie sich anschauen, was es schon für Gesundheits-Spezial-versender gibt, dann ist auch hier der Markt schon ziemlich eng, wenngleich sich immer wieder interessante Lücken auftun.

Fassen wir zusammen:

- Versandhandel kann rentabel sein – wenn man ihn professionell betreibt. Die Rentabilität liegt aber meist sehr deutlich unter der des stationären Geschäftes.
- Der Arzneimittel-Versandhandel hat im Vergleich zu anderen Branchen von vornherein mit dem „Billig-Image" begonnen und damit frühzeitig wirtschaftliche Grenzen gesetzt.
- Wichtige Teile des Marktes der „ersten Versandgeneration" sind bereits verteilt. Neue Mitspieler drängen trotzdem hinein (Drogeriemärkte!). Die Einstiegshürden werden damit höher.
- Arzneimittel-Versandhandel ist momentan ein Geschäft, welches in starkem Wandel begriffen ist. Rechtlich ist noch keine stabile Basis geschaffen, es könnten manche Überraschungen kommen.
- Ein qualitativ überzeugender Arzneimittel-Versandhandel stellt so hohe Anforderungen, dass er nur für eine verschwindend geringe Zahl an Apotheken ernsthaft in Frage kommt.
- Für Kooperationen kann sich die Frage anders stellen, wobei das Argument der Kannibalisierung des eigenen, stationären Geschäfts ein sehr ernstes ist.

5 TABELLEN, DATEN, GRAFIKEN

Quellen für diesen Tabellenteil: ABDA, AOK-Bundesverband, Arzneiverordnungs-report 2007, Statistisches Jahrbuch der Bundesrepublik Deutschland 2007, eigene Recherchen und Berechnungen

5.1 Deutschland in Zahlen

5.1.1 Altersverteilung der Bevölkerung 1950 und 2005

Altersklasse	1950, in %	2005, in %
< 1	1,5	0,8
1 - 5	6,3	4,4
6 - 13	13,6	7,8
14 - 17	6,3	4,6
18 - 20	4,2	3,5
21 - 39	24,9	24,8
40 - 59	28,6	29,1
60 - 64	4,9	5,7
> 65	9,7	19,3
Bevölkerungszahl:	69,3 Mio.	82,4 Mio.

5.1.2 Verteilung des Haushaltsnettoeinkommens

Klasse (Dezil), % der Haushalte	Medianwert des Nettoeinkommens im Dezil ...
unterste 10%	787 EUR
> 10% - 20%	1.143 EUR
> 20% - 30%	1.456 EUR
> 30% - 40%	1.805 EUR
> 40% - 50%	2.187 EUR
> 50% - 60%	2.603 EUR
> 60% - 70%	3.069 EUR
> 70% - 80%	3.656 EUR
> 80% - 90%	4.522 EUR
> 90% - 100% (= oberste 10%)	6.416 EUR

Quelle: Verteilungsstichprobe des stat. Bundesamtes 2003

Lesebeispiel: Das zweitärmste Zehntel aller Haushalte (Klasse bzw. Dezil > 10% - 20%) hat im Schnitt (Medianwert) 1 143 € netto im Monat zur Verfügung.

5.2 Praktische Tabellen für den Apothekenalltag

5.2.1 Naturalrabatt-Umrechnungstabelle

Naturalrabatt (Bezahlmenge + Rabattmenge)	äquivalenter Barrabatt
2 + 1 (= 4 + 2, 10 + 5)	33,3%
3 + 1	25,0%
4 + 1	20,0%
5 + 1 (= 10 + 2, 20 + 4)	16,7%

Naturalrabatt (Bezahlmenge + Rabattmenge)	äquivalenter Barrabatt
6 + 1	14,3%
7 + 1	12,5%
8 + 1	11,1%
9 + 1	10,0%
10 + 1	9,1%
10 + 3	23,1%
10 + 4	28,6%

Rechenformel:

$$\text{Äquivalenter Barrabatt} = \frac{\text{Naturalrabattmenge}}{\text{effektive Liefermenge}} \cdot 100\%$$

Naturalrabatte entfalten ihre Wirkung erst dann, wenn Sie die Ware vollständig absetzen! Wenn Sie bei einem 10 + 2-Angebot nur eine Schachtel übrig behalten und nicht retournieren können, sind 50% des Rabattes dahin! Mit Inkrafttreten des Arzneimittelversorgungs-Wirtschaftlichkeitsgesetzes (AVWG) seit Mai 2006 sind Naturalrabatte im Bereich der apothekenpflichtigen Arzneimittel verboten.

5.2.2 Umrechnung Aufschläge in Spannen

Folgende Aufschläge auf den effektiven Einkaufspreis zum Kunden-Endpreis (einschließlich Mehrwertsteuer von 19% bzw. 7%) entsprechen einer Netto-Handelsspanne von ...%:

Aufschlag zum Endpreis, %	= Nettospanne, % (19% Mwst.)	= Nettospanne, % (7% Mwst.)
20%	0,8%	10,8%
25%	4,8%	14,4%
30%	8,5%	17,7%
40%	15,0%	23,6%
50%	20,7%	28,7%
60%	25,6%	33,1%
75%	32,0%	38,9%
100%	40,5%	46,5%
150%	52,4%	57,2%
200%	60,3%	64,3%
300%	70,3%	73,3%

Lesebeispiel: Ein Produkt mit einem AEK von netto 10,-- Euro, welches mit einem Aufschlag von 75% auf einen Kunden-Endpreis von 17,50 Euro kalkuliert wird, weist eine Nettospanne von 32,0% (bei 19% Mehrwertsteuer) resp. 38,9% (7% ermäßigte Mwst.) auf.

5.3 Arzneimittelmarkt und Apotheke in Zahlen

Quellen: ABDA, Arzneiverordnungsreport, sowie eigene Recherchen

Gesamt-Apothekenumsatz 2007: ca. 36 Mrd. Euro (netto, ohne Mehrwertsteuer)

Aufteilung, ca.:
Rezeptpflichtig: knapp 75%

Rezeptfrei – verordnet: <5%
Selbstmedikation: 12%
Medicalprodukte: 4%
Ergänzungssortiment: 3,0%
Freiverkäufliche AM: 2%

Handelsspannenentwicklung (jeweils netto in %):

1970	1980	1990	1995	2000	2002	2007
39,6	36,9	32,8	32,0	31,5	30,2	26,5 – 27,0

Pro-Kopf-Apothekenumsatz netto:
ca. 440,-- € (alte BL), ca. 430,-- € (neue BL),
davon OTC: ca. 65,-- €

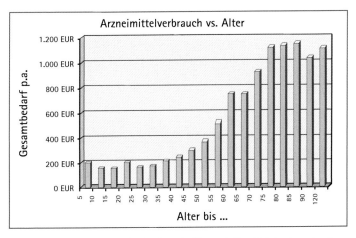

Abb. 5.1: Gesamt-Arzneimittelverbrauch (Rx und Non-Rx) in den einzelnen Altersklassen 2005; Orientierungswerte

Packungsstruktur je ∅ - Apotheke (Orientierungswerte):

Umsatzsegment	Pckg.-Zahl	Pckg.-Wert netto in Euro
Alle Arzneimittel AM:	70.000	21,00
AM-Verordnungen (VO):	39.000	32,00
- nur rezeptpflichtig (Rx)	32.000	36,00
-- davon Rx - GKV	25.000	37,50
- nur rezeptfrei (OTx)	7.000	10,50
-- davon OTx – GKV	4.000	10,00
Barverkauf AM	31.000	8,00
- apo.-pflichtige AM	28.000	7,50
- freiverkäufl. AM	3.000	10,00

*: weitgehender Wegfall aus der GKV-Erstattung seit 2004 AM = Arzneimittel; VO = ärztliche Verordnung

Arzneimittelverbrauch versus Alter: Der Verbrauch nimmt mit steigendem Alter erheblich zu, wie die Abbildung (über beide Geschlechter hinweg) zeigt. Frauen liegen dabei bis ins höhere Alter rund 20 % bis 30 % über den Männern; erst bei den Hochbetagten gleichen sich die Werte an.

Packungszahlen und -werte
(orientierende Durchschnittswerte 2007)

Anzahl abgerechnete Rezeptblätter GKV: gut 400 Mio.
Arzneimittel-Packungen pro Rezept: ca. 1,4
Arzneimittel-Packungen, verordnet und bar,
pro Kopf der Bevölkerung + Jahr: ca. 19
.. nur verordnete Arzneimittelpackungen: ca. 10 - 11
Packungszahl (Gesamt-BRD, Arzneimittel): ca. 1,53 Mrd.

LITERATUR

Bierbach, E.: Naturheilpraxis heute. Urban & Fischer Verlag München und Jena
    (2006)

Gebler, H., Kindl, G., Thomsen, M.: Pharmazie für die Praxis. Deutscher Apotheker
    Verlag Stuttgart (2005)

Gesenhues, S., Ziesche, R.: Praxisleitfaden Allgemeinmedizin. Urban & Fischer Verlag
    München und Jena (2006)

Lennecke, K., Hagel, K., Przondziono, K.: Selbstmedikation – Leitlinien zur pharma-
    zeutischen Beratung. Deutscher Apotheker Verlag Stuttgart (2004)

May, U.: Selbstmedikation in Deutschland. Eine ökonomische und gesundheitspoli-
    tische Analyse. Wissenschaftliche Verlagsgesellschaft Stuttgart (2002)

Schwabe, U., Paffrath, D.: Arzneiverordnungsreport 2007. Springer-Verlag Berlin –
    Heidelberg – New York (2007)